# 学ぶ人は、変えてゆく人だ。

目の前にある問題はもちろん、

人生の問いや、

社会の課題を自ら見つけ、

挑み続けるために、人は学ぶ。

「学び」で、

少しずつ世界は変えてゆける。

いつでも、どこでも、誰でも、

学ぶことができる世の中へ。

旺文社

10日でできる!

文部科学省後援

# 英検®準2級 二次試験・面接 完全予想問題

[改訂版]

英検®は、公益財団法人 日本英語検定協会の登録商標です。

旺文社

## Day 1

### *Internship Programs*

Today, more and more companies are beginning internship programs. During internships, students have the chance to work at a company for about two weeks. These students can learn about the company and get work experience, so they think internships are very useful. Companies also welcome students because they can find future workers.

A

B

Day 2

15 ~ 22

## *Cashless Payment*

**Most people have bought something at a store using cash. These days, however, payment without cash is becoming common. Some stores accept payment by credit card or smartphone, and by doing so they help people pay more easily and quickly. More stores will probably allow such cashless payment in the future.**

**A**

**B**

## *Sea Travel*

**Today, most people travel to foreign countries by plane because it is the fastest way. However, sea travel is also becoming popular. Many cruise ships are just like high-class hotels. Travelers can enjoy delicious food and various activities on the ship, so they can relax and forget about their usual lives.**

**A**

**B**

## *Online Movies*

**Nowadays, many people enjoy watching movies online. It is cheaper to watch movies online than at movie theaters. Some people download movies to their own computer or smartphone, and by doing so they can enjoy movies anytime anywhere. People can watch movies at home or even on the bus or train.**

**A**

**B**

## *Car Navigation Systems*

**These days, many people have navigation systems in their cars. These systems show drivers the roads they should use for traveling. Drivers even hear directions from navigation systems, and by doing so they can drive safely without looking at a map. With such systems in cars, people feel more comfortable when driving.**

**A**

**B**

## *Mother and Baby Groups*

**Today, more mothers are forming mother and baby groups. In these groups, mothers share their experiences of raising children with other mothers. Many mothers can talk freely about their worries and troubles, so they find the mother and baby groups very helpful. There will be more such groups in the future.**

**A**

**B**

## *Extra Lessons after School*

**Today, some schools have extra lessons after school for students who need them. College students and retired people help teach these lessons as volunteers. Sometimes the students work in groups and help each other, and by doing so they can understand their lessons better. This way of learning is getting more attention now.**

**A**

**B**

Day 8

63 ~ 70

## *Remodeling Houses*

**Today, many people remodel their houses instead of building new ones. This is less expensive and does not take a long time. People watch TV programs that introduce experienced designers with new ideas, and by doing so they can get a lot of information about remodeling. Remodeling houses may become more popular in the future.**

**A**

**B**

## *Morning Activities*

**Recently, more people have started to make use of the early morning hours. These people study or get some exercise before going to school or work. Such morning activities refresh people and help them stay healthy, so they are becoming popular. There are even special clubs or communities for morning activities now.**

**A**

**B**

## *Comfortable Camping*

**Camping is a popular outdoor activity. However, putting up a tent is difficult for some people. These days, some campsites provide a big tent with beds, and by doing so they help people enjoy camping more comfortably. This kind of camping will attract more people in the future.**

英検の二次試験である面接試験に臨むにあたって，受験者の皆さんはどういったことを知りたいでしょうか。「試験の傾向は？」「試験の流れは？」などさまざまあると思います。本書はこのような皆さんの「知りたい」に応えるべく制作されました。

本書の特長は以下のとおりです。

**▶ 予想問題で傾向をつかむ！**
問題編には10回分の予想問題を収録しています。実際に声に出して解き，解説をしっかり読んで，面接試験を攻略しましょう。

**▶ 動画で面接試験の流れを把握する！**
「面接試験が実際にはどのように行われるかわからないため不安」という受験者の方のために，動画を制作しました。動画には面接室での試験の様子はもちろん，会場に到着してから会場を出るまでを映像で収録してありますので，初めての受験で不安な方はぜひ一度ご覧ください。

**▶ ウェブ模試で英検 S-CBT 対策もできる！**
英検 S-CBT の体験ができる「旺文社 英検対策ウェブ模試」に対応しています。

最後に，本書の刊行にあたり多大なご協力をいただきました桐朋中学校・高等学校 秋山安弘先生に深く感謝の意を表します。

**旺文社**

# もくじ



## 準備編

### 面接試験を知ろう!

# 問題編

## 面接試験の練習をしよう！



執筆：秋山安弘（桐朋中学校・高等学校）
編集協力：株式会社カルチャー・プロ，斉藤　敦，Michael Joyce，Kaori Naito Church
問題作成：株式会社シー・レップス
本文デザイン：尾引美代
イラスト：有限会社アート・ワーク
装丁デザイン：内津　剛（及川真咲デザイン事務所）
動画制作：株式会社ジェイルハウス・ミュージック
録音：ユニバ合同会社

# ○本書の構成と利用法

本書の問題編の各Dayの構成と利用法は以下の通りです。

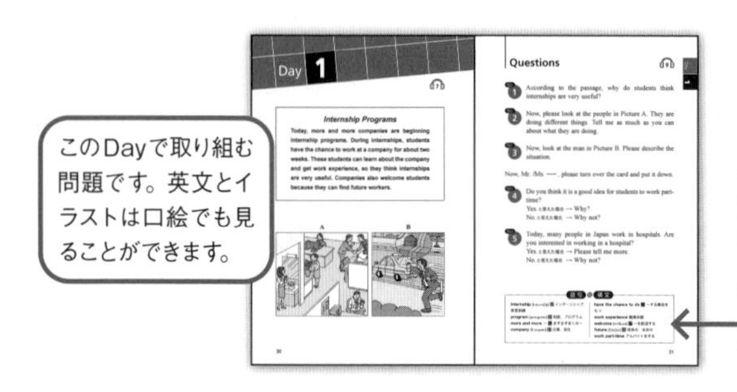

このDayで取り組む問題です。英文とイラストは口絵でも見ることができます。

**語句と構文**
問題に出てきた，覚えておきたい語句と構文をピックアップしました。分からなかったものは覚えるようにしましょう。

**音読の攻略**
音読をするときの注意点を細かく示してあります。注意点に従って，実際に声に出して何度も練習しましょう。解説中の記号の意味は次の通りです。
**太字の単語** …文の中で強く読む部分
↗…２音節以上の単語の中で強く読む部分
／…読むときの区切り

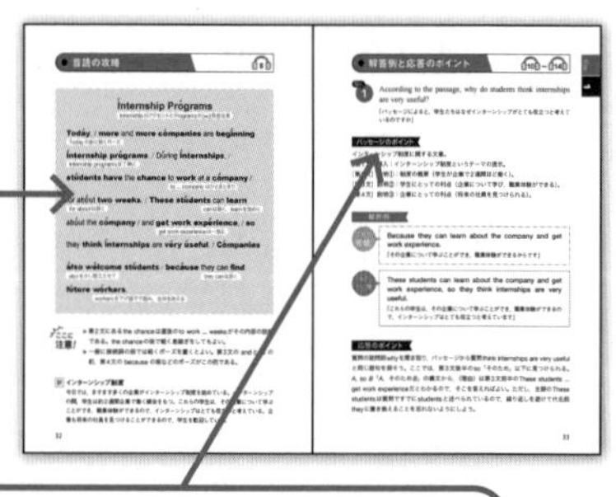

**パッセージのポイント**
No. 1の質問に答えるためにはパッセージの内容をきちんと理解することが大切です。パッセージの内容を正確に把握できているか，確認しましょう。

**イラストのポイント**
イラストに関するNo. 2とNo. 3の質問に答えるときにはイラストを正確に把握する必要があります。自分の理解が正しかったか，確認しましょう。

**解答例**
質問に対する解答例です。

模範解答例です。

もう少し改善が必要な解答例です。

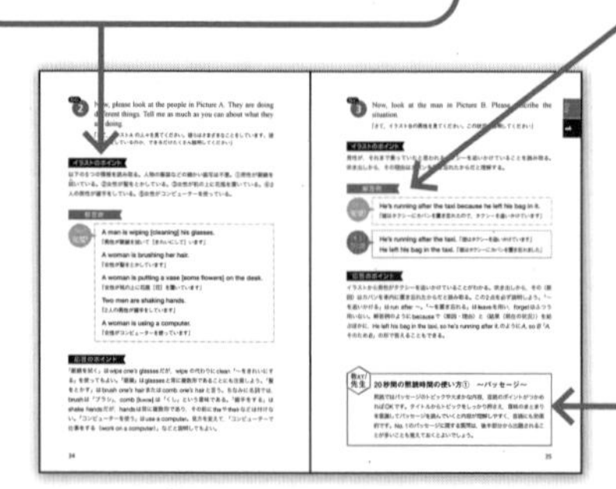

**教えて！先生**

「教えて！先生」は，面接について不安に思う点に先生が答えてくれるコーナーです。勉強の合間に目を通しましょう。

# 音声について

**収録内容** 音声を聞くことのできる箇所は書籍内で 1 と表示しています。

## 準備編 面接試験を知ろう!

| | |
|---|---|
| 1 ~ 4 | 面接試験の流れ |
| 5 ~ 6 | 出題内容 |

## 問題編 面接試験の練習をしよう!

| | |
|---|---|
| 7 ~ 14 | Day 1 |
| 15 ~ 22 | Day 2 |
| 23 ~ 30 | Day 3 |
| 31 ~ 38 | Day 4 |
| 39 ~ 46 | Day 5 |
| 47 ~ 54 | Day 6 |
| 55 ~ 62 | Day 7 |
| 63 ~ 70 | Day 8 |
| 71 ~ 78 | Day 9 |
| 79 ~ 86 | Day 10 |
| 87 ~ 96 | 準2級 面接<br>重要表現とテーマ別例文 |

●各 Day の Questions No. 1 ~ No. 5 の解答例は,「これで完璧!」の解答例のみ収録しています。

●各 Day は以下のような流れで収録しています。

Day1 の場合

7 ………………… パッセージの黙読指示と,黙読時間(20秒)
8 ………………… パッセージの音読
9 ………………… 質問(ポーズは各10秒,必要に応じて音声を一時停止してご利用ください)
10 ~ 14 …… 質問と解答例(解答例は「これで完璧!」を収録しています)

**再生方法** 以下の２通りでご利用いただくことができます。

## CDで再生

本書に付属しているCDを再生してください。

※CDの裏面には，指紋，汚れ，傷などがつかないよう，お取り扱いにご注意ください。一部の再生機器（パソコン，ゲーム機など）では再生に不具合が生じることがありますのでご注意ください。

## 旺文社リスニングアプリ「英語の友」（iOS/Android）で音声再生

❶「英語の友」公式サイトより，アプリをインストールします。
https://eigonotomo.com/
（右の QR コードからもアクセスできます）

❷ アプリ内の「書籍音源」メニューから「書籍を追加」ボタンを押し，ライブラリを開きます。

❸ ライブラリより本書を選択し，「追加」ボタンを押します。

**「英語の友」スピーキング機能について**
スピーキング機能を利用すると，本書に収録している「出題内容」（p. 22～28）のテキストを読み上げて発音判定することができます。

※本アプリの機能の一部は有料ですが，本書の音声・スピーキング機能は無料でご利用いただけます。
※アプリの詳しいご利用方法は「英語の友」公式サイト，あるいはアプリ内のヘルプをご参照ください。
※本サービスは予告なく終了されることがあります。

# ●動画について

**収録内容** DVD・ウェブサイト上にて，以下の内容の動画をご覧いただけます。

面接の流れを知ろう

会場に到着してから会場を出るまでの，面接に関するすべてのシーンを見ることができます。全体の流れを把握できるだけでなく，注意点なども詳しく解説しています。

面接のシミュレーションをしよう

面接のシミュレーションを行うことができます。解答用のポーズを設けてありますので，実際に試験に臨む気持ちでチャレンジしてみましょう。シミュレーションで使用されている問題は，本書の「準備編」にある「出題内容」に掲載されている問題と同じです。

※動画の内容のすべては，旺文社が独自に取材をして企画・構成されたものです。実際とは異なる可能性があることをあらかじめご了承ください。

**視聴方法** 以下の２通りでご利用いただくことができます。

## DVDで再生

本書に付属しているDVDを再生してください。

※DVDの裏面には，指紋，汚れ，傷などがつかないよう，お取り扱いにご注意ください。一部の再生機器（パソコン，ゲーム機など）では再生に不具合が生じることがありますのでご注意ください。

## ウェブサイトで再生

1. 以下のURLにアクセスします。
   https://www.obunsha.co.jp/service/eiken_mensetsu/
2. ご購入された級を選択します。
3. 「面接の流れを知ろう」「面接のシミュレーションをしよう」いずれかの動画を選択し，以下のパスワードを入力します。
   **Bg6Khc**

※この視聴サイトの使用により生じた，いかなる事態にも一切責任は負いかねます。
※Wi-Fi環境でのご利用をおすすめいたします。
※本サービスは予告なく終了されることがあります。

# ○ウェブ模試について

本書では，英検S-CBTの疑似体験ができる「旺文社 英検対策ウェブ模試」を提供しています。

- 本書の各Dayに掲載されているのと同じ問題10セットを，パソコンを使ってウェブ上で解くことができます。
- 解答を保存でき，復習ができます。（スコア判定の機能はありません）
- 特定の問題だけを選んで練習することもできます。

**利用方法**

❶以下のURLにアクセスします。
**https://eiken-moshi.obunsha.co.jp/**

❷利用規約を確認し，氏名とメールアドレスを登録します。

❸登録したアドレスにメールが届きますので，記載されたURLにアクセスし，登録を完了します。

❹本書を選択し，以下の利用コードを入力します。
**Bg6Khc**

❺以降の詳しいご利用方法は，次ページの説明と，ウェブ模試内のヘルプをご参照ください。

**推奨動作環境**

対応OS：Windows 11，10，macOS 10.8以降
ブラウザ：
Windows OSの場合：最新バージョンのMicrosoft Edge，Google Chrome
macOSの場合：最新バージョンのGoogle Chrome
インターネット環境：ブロードバンド　画面解像度：1024×768以上
ブラウザの機能利用には，JavaScript，Cookieの有効設定が必要です。

- スマートフォンやiPadなどのタブレットからはご利用いただけません。
- ご利用のパソコンの動作や使用方法に関するご質問は，各メーカーまたは販売店様にお問い合わせください。
- この模試サービスの使用により生じた，いかなる事態にも一切責任は負いかねます。
- Wi-Fi環境でのご利用をおすすめいたします。
- Warm-upを割愛するなど，実際の試験とは異なる点があります。
- 本サービスは予告なく終了されることがあります。

## 旺文社 英検対策ウェブ模試の進め方

### 試験を始めるまで

●まず，前ページにある説明に従って，ユーザー登録，書籍の登録をします。
●それが済んだら，「実践」「練習」のどちらを受けるか決めます。

**実践** 本番のように最初から最後まで通して受けたい場合に選択してください。途中で休憩することも可能です。再開したときに続きから解答することができます。

**練習** 特定の問題だけ選んで解きたい場合に選択してください。

### スピーキングテスト

以下，「実践」を選んだ場合の進め方について説明します。
●最初に，ヘッドセットの音量調整があります。聞こえてくる音量を調整した後，マイクに向かって話しかけ，マイクの音量を調整します。
●以降，画面の指示に従って，マイクに解答を吹き込んでいきます。

### 解答が終わったら

自分の解答が保存されていますので，後で確認することができます。本書の解説を読んで，自分の解答に何が足りなかったのかを確認しましょう。

## 面接試験を知ろう！

「準備編」では英検準２級面接試験の問題が
どのような形式で出題されるのか，
どのように進行するのかを確認しましょう。
英検S-CBTのスピーキングテストの
注意点もまとめました。

※本書の内容は，2023年5月時点の情報に基づいています。
受験の際には，英検ウェブサイト等で最新の情報をご確認ください。

# 面接試験について

英検準2級の試験形式と面接試験の試験時間，評価対象の1つであるアティチュードについてまとめています。学習を始める前に把握しましょう。

## ■英検準2級試験形式

| 技能 | 形式 | 満点スコア |
|---|---|---|
| リーディング | 短文の語句空所補充 | 600 |
| | 会話文の文空所補充 | |
| | 長文の語句空所補充 | |
| | 長文の内容一致選択 | |
| ライティング | 英作文 | 600 |
| リスニング | 会話の応答文選択 | 600 |
| | 会話の内容一致選択 | |
| | 文の内容一致選択 | |
| **スピーキング** | **音読**　問題カードに掲載されたパッセージを音読する | 600 |
| | **No. 1**　問題カードに掲載されたパッセージについての質問に答える | |
| | **No. 2**　問題カードに掲載されたイラスト内の人物の行動を描写する | |
| | **No. 3**　問題カードに掲載されたイラスト内の人物の状況を説明する | |
| | **No. 4**　問題カードのトピックに関連した質問に答える | |
| | **No. 5**　日常生活に関連した質問に答える | |

本書で学習するのはココ

## ■面接試験の試験時間

**約6分**

## アティチュードって何？

音読やQuestionsの応答に加えて，「アティチュード」が評価対象になっています。アティチュード（attitude）は「態度・姿勢」という意味ですが，具体的には次のような点が評価の対象になっています。

### 1 積極性
**――自己表現やコミュニケーションを持続させようとする意欲など**

- 自分の発話内容を理解してもらえるように，十分に自己表現しているか。
- 語彙や文法の点で言いたいことがストレートに英語にならなくても，そこであきらめることなく，自分が持っている言語知識をすべて活用して言い換えなどをしながら表現し，コミュニケーションを続けようとしているか。

### 2 明瞭な音声
**――適切な声の大きさ，発話の明瞭さなど**

- 相手が聞き取りに困難を感じない程度の音量で話しているか。
- はっきりと明瞭に話しているか。

### 3 自然な反応
**――応答のスムーズさ，不自然な間の排除など**

- 面接委員から質問された後に，スムーズに応答できているか。
- 発話の途中で不自然に長い間を置いていないか。
- むやみに何度も聞き返していないか。

以上のような点に留意すればいいのですが，入念に準備をして試験に臨み，「合格したい」という前向きな気持ちを持っていれば，これらのポイントはおのずとクリアできるものです。過度に心配する必要はありません。

# 面接試験の流れ

ここでは，面接室での試験の流れを，入室から退室まで順を追って見ていきます。問題部分以外の面接委員との英語でのやり取りも掲載していますので，あわせて確認しておきましょう。

## 1 入室から着席まで

| | |
|---|---|
| 1 | 控え室で記入した面接カードを持って，<br>係員の案内で面接室前へ移動する。 |
| 2 | 面接室前の廊下で順番を待ち，係員の指示で面接室に入る。 |
| 3 | 面接室のドアをノックして入室後，面接委員に面接カードを手渡し，<br>面接委員の指示で着席する。 |

**CHECK!**

- ■ドアを開けて，Hello.，もしくは午前の試験であればGood morning.，午後の試験であればGood afternoon.というあいさつから始めます。入室する前にMay I come in? と言っても構いません。
- ■着席したら，手荷物は自分の席の脇に置きましょう。

3 ▶ 面接委員： Hello. 「こんにちは」

受験者： Hello. 「こんにちは」

面接委員： Can I have your card, please?
「あなたのカードをいただけますか」

受験者： Yes. Here you are. 「はい。どうぞ」

面接委員： Thank you. Please have a seat.
「ありがとうございます。座ってください」

受験者： Thank you. 「ありがとうございます」

## 2 氏名と受験級の確認

1 氏名の確認をする。

2 受験級の確認をする。

3 簡単なあいさつをする。

CHECK!
■自分の名前はMy name is ～. などとはっきり言いましょう。
■面接委員をきちんと見て話しましょう。

1 ▶ 面接委員：My name is Yoshio Tamura. May I have your name, please?
「私の名前はタムラヨシオです。あなたのお名前をお願いします」
受験者：My name is Akiko Yamada. 「私の名前はヤマダアキコです」

2 ▶ 面接委員：Ms. Yamada, this is the Grade Pre-2 test, OK?
「ヤマダさん，これは準2級のテストですが，よろしいですか」
受験者：OK. 「はい」

3 ▶ 面接委員：How are you today? 「今日の調子はどうですか」
受験者：I'm fine. 「いいです」

## 3 問題カードの黙読と音読

| | |
|---|---|
| 1 | 問題カードを面接委員から受け取る。 |
| 2 | 面接委員の指示に従って,<br>20秒間で問題カードのパッセージを黙読する。 |
| 3 | 面接委員の指示に従って,パッセージを音読する。 |

**CHECK!**

- 20秒の黙読時間では,パッセージをひととおり読み,内容を理解しましょう。もし時間が余ったら,イラストの確認もしておきましょう。
- 音読はパッセージのタイトルから読み始めましょう。
- 音読はパッセージの意味を意識しながら,区切り・発音・イントネーションに注意して,ゆっくりはっきりとした声で読むように心がけましょう。

**1** 面接委員: OK. Now, let's start the test. Here's your card.
「はい。それでは,テストを始めましょう。これがあなたの問題カードです」

受験者: Thank you. 「ありがとうございます」

**2** 面接委員: First, please read the passage silently for 20 seconds.
「まず,20秒間でパッセージを黙読してください」

〈20秒間〉

**3** 面接委員: All right. Now, please read it aloud.
「はい。それでは,声に出してパッセージを読んでください」

## 4 Q&Aから退室まで

1 No.1～No.3の質問をされる。

2 No.3の応答が終わったら，問題カードを裏返して置くように指示される。

3 No.4とNo.5の質問をされる。

4 No.5の応答が終わったら，問題カードを返すように指示される。

5 あいさつをして退室する。

**CHECK!**
- No.4とNo.5の質問には問題カードを見ないで解答するので，面接委員とアイコンタクトをとりながら答えるようにしましょう。
- 面接委員に問題カードを返却するのを忘れないようにしましょう。

1 ▶ 面接委員：Now, I'll ask you five questions.
「では，これから5つの質問をします」

〈中略：No.1 ～ No.3の質問〉

2 ▶ 面接委員：Now, Ms. Yamada, please turn over the card and put it down. 「ではヤマダさん，問題カードを裏返して置いてください」

〈中略：No.4とNo.5の質問〉

4 ▶ 面接委員：This is the end of the test. Could I have the card back, please?
「これで試験は終了です。問題カードを返却してくださいますか」

受験者：Here you are. 「どうぞ」

面接委員：Thank you. 「ありがとうございます」

5 ▶ 面接委員：You may go now. 「退室して結構ですよ」

受験者：Thank you. 「ありがとうございます」

面接委員：Goodbye. Have a nice day. 「さようなら。よい1日を」

受験者：You, too. 「あなたも」

# 面接試験　よくある質問

面接試験の形式や内容はわかっても，それ以外にもまだわからないことがたくさんあって不安…。そんな皆さんのために，よくある質問をまとめました。

（出典：英検ウェブサイト）

**Q 1　受験票を紛失してしまいました…**

英検サービスセンターにお問い合わせください。

**Q 2　受験票が届いたのですが，会場や時間の変更はできますか?**

原則として会場や時間の変更はできません。ただし，ダブル受験で同じ日程で別々の会場になった場合は会場を調整いたしますので，英検サービスセンターまでご連絡ください。

**Q 3　試験に遅刻しそうなのですが，どうしたらよいですか?**

集合時間に遅刻をされた場合，受験をお断りさせていただく場合がございます。会場受付に事情をご説明いただき，その後は会場責任者の指示に従ってください。（試験会場への直接のご連絡はお控えください）

※天災，スト，事故などで電車・バスなどの公共交通機関が遅延・運休した場合などやむを得ない事由で公共交通機関が遅延・運休し，試験会場に到着できなかった場合や，試験時間に間に合わずに受験できなかった場合は，試験翌営業日～水曜日までのなるべく早いタイミングで英検サービスセンターへご連絡ください。

**Q 4　試験当日の天候が心配です。試験当日の実施状況についてはどのように確認できますか?**

不測の事態（台風や大雪など）による試験の中止や，開始時間の繰り下げを行う場合は，決定次第英検ウェブサイトで発表いたします。試験当日の朝，必ず英検ウェブサイトのトップページの上部「検定試験に関する重要なお知らせ」で最新の情報をご確認のうえご来場ください。

**Q 5　試験の服装について教えてください。**

特に指定はありませんが，寒暖に対応できる服装での来場にご協力をお願いします。

## Q 6 試験時間について（開始時間，終了時間など）教えてください。

二次受験票でご案内する集合時間にお集まりください。終了予定時間は，受付を通った時間より60分前後を目安にしてください。ただし，進行状況により前後する場合がありますのでご了承ください。

## Q 7 試験会場（本会場）に忘れ物をしてしまいました。

試験会場内の忘れ物，落とし物等の遺失物は，原則として試験日より1ヶ月間，協会にて保管します。保管期間中に持ち主からのお問い合わせがない場合には処分いたします。

なお，電子機器や貴重品等の一部の物品につきましては試験日から1ヶ月経過後も引き続き保管する場合がございます。受験した会場ではなく，英検サービスセンターにお問い合わせください。

## Q 8 インターネットで合否の閲覧はいつからできますか?

二次試験の約1週間後からネットでの合否結果閲覧が可能です。閲覧開始は，英検ウェブサイトで発表されますのでご確認ください。

**お問い合わせ先**

- **英検ウェブサイト**　https://www.eiken.or.jp/
- **英検サービスセンター**　TEL 03-3266-8311
  （月～金 9:30～17:00　※祝日・年末年始を除く）

# 英検S-CBTの スピーキングテストについて

英検S-CBTでは最初にスピーキングテストを受験します。問題の内容は従来型の二次試験・面接（p.12参照）と同じですが，パソコンに慣れておくなど，しておくとよい準備もあります。ここで，スピーキングテストの流れと必要な対策を把握しましょう。

## 試験の流れ

試験の流れは以下の通りです。

① **案内に従ってスピーキングテストの準備を行います。**

② **音量確認，マイク確認後，スピーキングテストが始まります。**

③ **スピーキングテストの最初に，Warm-upとして簡単な質問をされるのでそれに答えます。その後の試験内容は従来型の二次試験・面接と同じです。**
※スピーキングテストの時間は15分です。

## 必要な対策

パソコンを使用する試験なので，パソコンの操作に慣れておく必要があります。以下に，必要な対策をまとめました。

### ▶ パソコンの画面で英文を読んだり，イラストを見たりする練習

パソコンの画面で英文を読んだり，イラストを見たりすることは，経験がないと集中できない可能性があります。画面で文章・イラストを見ることに慣れておく必要があるでしょう。

### ▶ マイクに向かって話す練習

面接委員がいる状況と，マイクに向かって話す状況と，どちらのほうが話しやすいかは，人によって異なります。試験の当日に，「面接委員がいないと緊張して話せない」という状態に陥ってしまうことを避けるために，まずは相手がいない中でマイクに向かって話す練習をしておきましょう。また，英検S-CBTのスピーキングテストでも，アティチュードは評価されます（アティチュードについてはp.13を参照）。

なお，複数の受験者が同じ試験室で一斉に受験するため，スピーキングテストは周りの人が話している中で，自分の解答を話すことになります。

### ▶ 時間内に話す練習

二次試験・面接であれば，解答時間を少し過ぎてしまっても言い終えるまで待ってもらえる可能性がありますが，パソコンを使うスピーキングテストでは制限時間が来たら，話している途中でも，そこで解答を切られてしまいます。制限時間内に言いたいことを言い終える訓練をしましょう。

本書に付属の「旺文社 英検対策ウェブ模試」(p.8参照) では，パソコンを使って本番同様の試験を体験することができますので，ぜひ活用してください。

●英検S-CBTウェブサイト　https://www.eiken.or.jp/s-cbt/

# 出題内容

## 問題カードの内容

面接委員から手渡される問題カードには次のようなことが書かれています。

パッセージ

***Prepared Meals***

**These days, many kinds of prepared meals are sold at convenience stores and supermarkets. People are getting busier, so these meals are becoming more popular. People buy prepared meals to eat at home, and by doing so they can save time. There will be more and more kinds of these meals in the future.**

イラスト

A

B

（実際の問題カードはカラーです）

**パッセージの訳**　**調理済みの食事**

この頃，多くの種類の調理済みの食事がコンビニエンスストアとスーパーマーケットで売られている。人々はより忙しくなっているので，このような食事はますます人気となっている。人々は，家で食べるために調理済みの食事を購入し，そうすることで時間を節約することができる。今後，ますます多くの種類のこのような食事が出てくるだろう。

## 音読と質問の内容

手渡された問題カードをもとに，パッセージの音読と5つの質問がなされます。

### 音 読

### 問題カードに書かれたパッセージの音読

**✓音読のポイント**

- □ タイトルから読み始めよう。
- □ 声の大きさ，意味のまとまり，単語の発音・アクセント，各文のイントネーションに注意。
- □ 制限時間はないので，あせらずにゆっくりと。

音読に入る前の20秒間の黙読時間で，パッセージの内容を大まかに把握し，単語の発音やアクセントなどを確認しておこう。パッセージの内容をきちんと理解して読んでいることを面接委員に伝える意味でも，意味のまとまりを意識して読むことが大切。文中での区切りの位置の目安は以下のとおりである。

〈区切りの目安〉

・コンマ（,）の後

・接続詞（and，but，or，that など）の前

・前置詞（in，on，at，from など）の前

・不定詞（to *do*）の前

・長い主語の後

・文頭にくる副詞（recently，however など）の後

## Question No. 1 パッセージの内容に関する質問

### According to the passage, how [why] ～?

**質問**

According to the passage, how can people save time?

「パッセージによると，人々はどのようにして時間を節約することができますか」

**解答例**

**By buying prepared meals to eat at home.**

「家で食べるために調理済みの食事を購入することによってです」

**✓解答のポイント**

- □ According to the passage「パッセージによると」の後の疑問詞を確実に聞き取る。
- □ 質問と同じ語句が含まれる部分をパッセージの中から探す。
- □ 主語を代名詞に置き換えるなど，質問に対して適切な形となるように解答を整える。

問題カードのパッセージに関する質問である。質問の "According to the passage," までは毎回同じなので，これ以降の「疑問詞」と「質問の主語・動詞」を特に注意して聞くようにしたい。なお，疑問詞は how「どのようにして」と why「なぜ」がほとんどである。

次に，質問と同じ語句が含まれる部分をパッセージの中から探す。質問の疑問詞が how の場合は by doing so「そうすることによって」の後に，why の場合は so「そのため」の後に見つけられることが多い。黙読・音読の間にこれらの表現の位置を確認しておくとよいだろう。

質問に出てくる語句をパッセージの中から見つけたら，これを手がかりに解答の根拠となる部分を探し，不要な語を落とすなどして，文の形を整えよう。主語を代名詞に置き換えたり，質問の疑問詞が how の場合は，By *doing* ～. の形で答えたりすることもポイント。パッセージの文をそのまま答えないように注意しよう。

## Question No. 2 イラストAの人物の行動描写

**Now, please look at the people in Picture A. ...**

### 質 問

Now, please look at the people in Picture A. They are doing different things. Tell me as much as you can about what they are doing.

「さて，イラストA の人々を見てください。彼らはさまざまなことをしています。彼らが何をしているのか，できるだけたくさん説明してください」

### 解答例

**A woman is putting a poster on the wall.**
「女性が壁にポスターを貼っています」

**A girl is taking an apple from the shelf.**
「女の子が棚からリンゴを取っています」

**A boy is going [walking] up the stairs.**
「男の子が階段を上っています」

**A man is making an announcement.**
「男性がアナウンスをしています」

**A man is lifting a box.**
「男性が箱を持ち上げています」

**✓解答のポイント**

- □ イラストに描かれた5つの動作について，それぞれ1文ずつで描写する。
- □ 主語はA man / A woman / A boy / A girl / Two boysなどを用いる。
- □ 現在進行形（is [are] *doing*）を用いる。

5つの動作を現在進行形「～しているところです」を用いて説明する。be 動詞や前置詞，冠詞なども落とさないように注意しよう。人物の様子（服装など）の描写は不要。日常生活のさまざまな動作を表す表現を使えるようにしておこう。

## Question No. 3 イラストBの人物の状況説明

**Now, look at ～ in Picture B. ...**

### 質問

Now, look at the man in Picture B. Please describe the situation.

「さて，イラストBの男性を見てください。この状況を説明してください」

### 解答例

**He wants to buy a cake, but the shop is closed.**

「彼はケーキを買いたいが，店が閉まっています」

### ✓解答のポイント

- □ 質問から誰について問われているかを確認する。
- □ 説明する点が２点（２文）あることに注意する。
- □ so「だから」，because「～なので」，but「しかし」などを用いて，２つの文の関係を示す。

まず，誰について問われているかをしっかり聞き取ろう。イラストには複数の人物が描かれていることもあるので注意が必要である。

イラストには人物の状況と，吹き出しなどでその人物が考えていることなどが示されているので，その２点を描写する。吹き出しの中には人物が「したくてもできないこと（あるいはできない理由）」や，「これからしようと思っていること」が描かれていることが多い。

最後に，その２つの文を適切な接続詞を用いて結びつけて答える。but以外にも〈結果＋ because＋原因〉あるいは〈原因, so ＋結果〉を用いる場合が多い。

この応答の後に Now, Mr./Ms. — , please turn over the card and put it down.「では — さん，問題カードを裏返して置いてください」と指示されるので，問題カードを裏返して机に置こう。これ以降は問題カードを見ずに質問に答える。

## Question No. 4 問題カードのトピックに関連した一般的な質問

**Do you think ～?**
**Yes. → Why?**
**No. → Why not?**

### 質 問

Do you think eating alone is better than eating with someone else?
「あなたは1人で食事するほうが誰かほかの人と食事するよりもよいと思いますか」

Yes. → Why? 「はい。→なぜですか」
No. → Why not? 「いいえ。→なぜですか」

### 解答例

- **Yes. → It's difficult to eat while talking with someone else. Also, people can relax more when they eat alone.**
「誰かほかの人と話しながら食事するのは難しいからです。また，1人で食事したほうがゆっくりできます」

- **No. → It's more fun to eat with someone else. We can talk with each other while we eat.**
「誰かほかの人と食事するほうが楽しいからです。食事しながらお互いに話すことができます」

### ✓解答のポイント

- □ 質問に対して，まずYes. / No. で答える。
- □ その後で，もう1つ質問される（Why? / Why not? など）。
- □ 2つ目の質問に対しては〈理由〉や〈詳しい説明〉を答える。

2つ目の質問の解答がポイント。1つ目の質問に Yes. / No. で答えると，Why?, Why not?「なぜですか」などと質問されるので，Yes. / No. の理由や根拠，または具体的な例などを続ける。2文程度の情報量が必要。

## Question No. 5 日常生活の身近な質問

**These days, .... Do you like ～?** など
**Yes. → Please tell me more.**
**No. → Why not?**

### 質問

These days, many people exercise to stay healthy. Do you often exercise?
「この頃，多くの人が健康でいるために運動をします。あなたはよく運動をしますか」

Yes. → Please tell me more. 「はい。→もっと説明してください」
No. → Why not? 「いいえ。→なぜですか」

### 解答例

- **Yes. → I usually do stretches at home. Also, I run in the park on weekends.**
  「私はたいてい家でストレッチをします。また，私は週末に公園で走ります」
- **No. → I have a lot of homework to do every day. I don't have time to exercise.**
  「私には毎日やるべき宿題が多いからです。私には運動をする時間がありません」

### ✓解答のポイント

- □ No.4同様，1つ目の質問にYes. / No.で答え，2つ目の質問に〈理由〉や〈詳しい説明〉を答える。
- □ 個人的な好みや習慣などを聞かれることが多いので，具体的に自分の状況を説明する。

No.5もNo.4同様，2つ目の質問の解答がポイント。No.4の一般的な質問と異なり，No.5では受験者自身の好みや習慣などが問われることが多い。自分の好きなことや習慣的にやっていること，または過去の経験などを話せばよい。No.4と同様に，Also「また」などを用いて，2文程度に膨らませて答えるようにしよう。

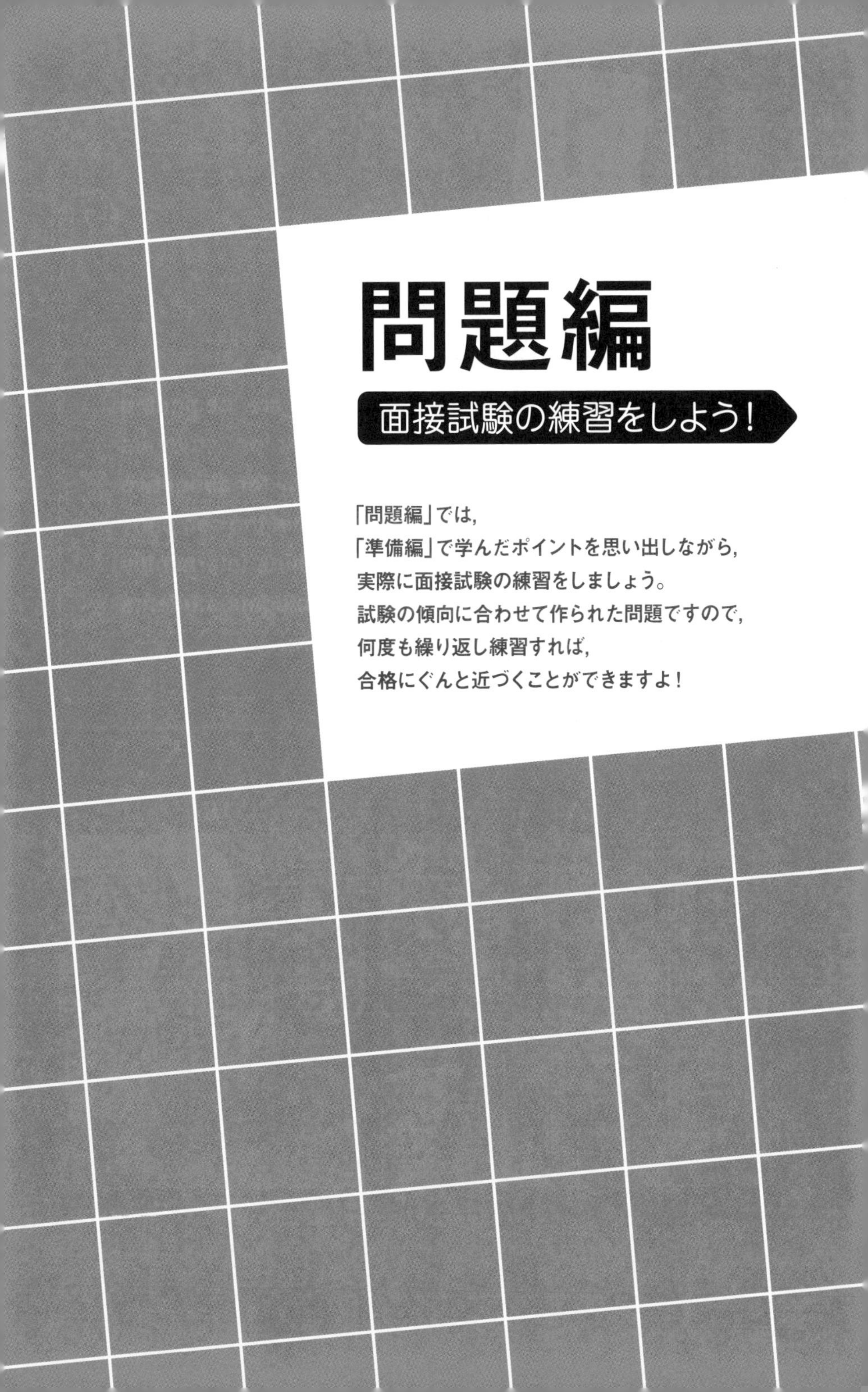

# 問題編

## 面接試験の練習をしよう！

「問題編」では，
「準備編」で学んだポイントを思い出しながら，
実際に面接試験の練習をしましょう。
試験の傾向に合わせて作られた問題ですので，
何度も繰り返し練習すれば，
合格にぐんと近づくことができますよ！

# Day 1

7

## *Internship Programs*

**Today, more and more companies are beginning internship programs. During internships, students have the chance to work at a company for about two weeks. These students can learn about the company and get work experience, so they think internships are very useful. Companies also welcome students because they can find future workers.**

A B

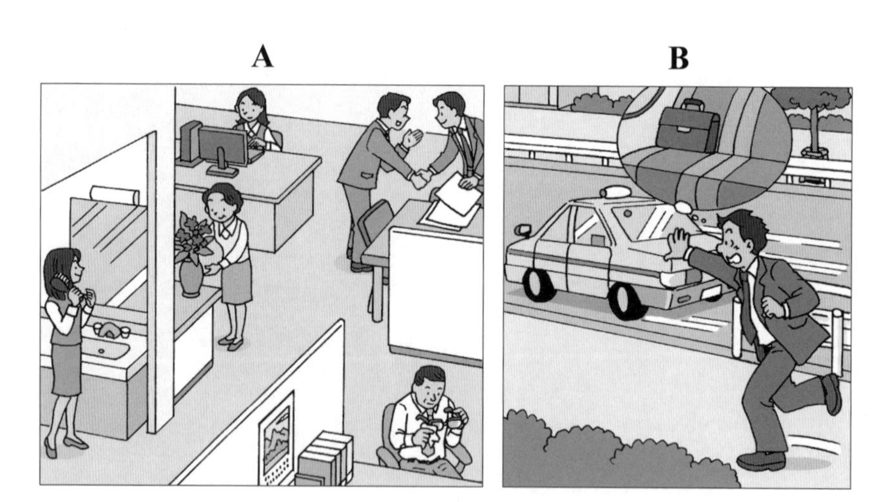

# Questions

9

According to the passage, why do students think internships are very useful?

Now, please look at the people in Picture A. They are doing different things. Tell me as much as you can about what they are doing.

Now, look at the man in Picture B. Please describe the situation.

Now, Mr. /Ms. ── , please turn over the card and put it down.

Do you think it is a good idea for students to work part-time?

Yes. と答えた場合 → Why?

No. と答えた場合 → Why not?

Today, many people in Japan work in hospitals. Are you interested in working in a hospital?

Yes. と答えた場合 → Please tell me more.

No. と答えた場合 → Why not?

**語句と構文**

**internship** [íntəːrnʃìp] 名 インターンシップ，実習訓練
**program** [próuɡræm] 名 制度，プログラム
**more and more ～** 構 ますます多くの～
**company** [kʌ́mpəni] 名 企業，会社
**have the chance to *do*** 構 ～する機会をもつ
**work experience** 職業体験
**welcome** [wélkəm] 動 ～を歓迎する
**future** [fjúːtʃər] 形 将来の，未来の
**work part-time** アルバイトをする

## ● 音読の攻略

### Internship Programs

Internshipのアクセントと Programsの[oʊ]発音注意

**Today**, / **more** and **more companies** are **beginning**

Todayの後に軽くポーズ

**internship programs**. / During **internships**, /

internship programsは丁寧に

**students have** the **chance** to **work** at a **company** /

to ... company はひとまとまり

for about **two weeks**. / **These students** can **learn**

for aboutは軽く

canは軽く，learnを強めに

about the **company** / and **get work experience**, / **so**

get work experienceは一気に

they **think internships** are **very useful**. / **Companies**

**also welcome students** / **because** they can **find**

alsoを少し際立たせて

they canは弱く

**future workers**.

workersを下げ調子で読み，全体を終える

**ここに注意！**

▶ 第2文にあるthe chanceは直後のto work ... weeksがその内容の説明である。the chanceの後で軽く息継ぎをしてもよい。

▶ 一般に接続詞の前では軽くポーズを置くとよい。第3文の andとso の前，第4文の because の前などのポーズがこの例である。

**訳 インターンシップ制度**

今日では，ますます多くの企業がインターンシップ制度を始めている。インターンシップの間，学生は約2週間企業で働く機会をもつ。これらの学生は，その企業について学ぶことができ，職業体験ができるので，インターンシップはとても役立つと考えている。企業も将来の社員を見つけることができるので，学生を歓迎している。

## ● 解答例と応答のポイント

According to the passage, why do students think internships are very useful?

「パッセージによると，学生たちはなぜインターンシップがとても役立つと考えているのですか」

### パッセージのポイント

インターンシップ制度に関する文章。

［第1文］導入：インターンシップ制度というテーマの提示。

［第2文］説明①：制度の概要（学生が企業で2週間ほど働く）。

［第3文］説明②：学生にとっての利点（企業について学び，職業体験ができる）。

［第4文］説明③：企業にとっての利点（将来の社員を見つけられる）。

### 解答例

これで完璧！

**Because they can learn about the company and get work experience.**

「その企業について学ぶことができ，職業体験ができるからです」

もうひと息

**These students can learn about the company and get work experience, so they think internships are very useful.**

「これらの学生は，その企業について学ぶことができ，職業体験ができるので，インターンシップはとても役立つと考えています」

### 応答のポイント

質問の疑問詞 why を聞き取り，パッセージから質問 think internships are very useful と同じ語句を探そう。ここでは，第3文後半の so「そのため」以下に見つけられる。*A*, so *B*「*A*，そのため *B*」の構文から，〈理由〉は第3文前半の These students ... get work experience だとわかるので，そこを答えればよい。ただし，主語の These students は質問ですでに students と述べられているので，繰り返しを避けて代名詞 they に置き換えることを忘れないようにしよう。

Now, please look at the people in Picture A. They are doing different things. Tell me as much as you can about what they are doing.

「さて，イラストAの人々を見てください。彼らはさまざまなことをしています。彼らが何をしているのか，できるだけたくさん説明してください」

## イラストのポイント

以下の5つの情報を読み取る。人物の服装などの細かい描写は不要。①男性が眼鏡を拭（ふ）いている。②女性が髪をとかしている。③女性が机の上に花瓶を置いている。④2人の男性が握手をしている。⑤女性がコンピューターを使っている。

## 解答例

**A man is wiping [cleaning] his glasses.**
「男性が眼鏡を拭いて［きれいにして］います」

**A woman is brushing her hair.**
「女性が髪をとかしています」

**A woman is putting a vase [some flowers] on the desk.**
「女性が机の上に花瓶［花］を置いています」

**Two men are shaking hands.**
「2人の男性が握手をしています」

**A woman is using a computer.**
「女性がコンピューターを使っています」

## 応答のポイント

「眼鏡を拭く」はwipe *one's* glassesだが，wipeの代わりにclean「～をきれいにする」を使ってもよい。「眼鏡」はglassesと常に複数形であることにも注意しよう。「髪をとかす」はbrush *one's* hairまたはcomb *one's* hairと言う。ちなみに名詞では，brushは「ブラシ」，comb [koum]は「くし」という意味である。「握手をする」はshake handsだが，handsは常に複数形であり，その前にtheやtheirなどは付けない。「コンピューターを使う」はuse a computer。見方を変えて，「コンピューターで仕事をする（work on a computer）」などと説明してもよい。

Now, look at the man in Picture B. Please describe the situation.

「さて，イラストBの男性を見てください。この状況を説明してください」



## イラストのポイント

男性が，それまで乗っていたと思われるタクシーを追いかけていることを読み取る。吹き出しから，その理由はカバンを置き忘れたからだと理解する。

## 解答例

**He's running after the taxi because he left his bag in it.**
「彼はタクシーにカバンを置き忘れたので，タクシーを追いかけています」

**He's running after the taxi.** 「彼はタクシーを追いかけています」
**He left his bag in the taxi.** 「彼はタクシーにカバンを置き忘れました」

## 応答のポイント

イラストから男性がタクシーを追いかけていることがわかる。吹き出しから，その〈原因〉はカバンを車内に置き忘れたからだと読み取る。この2点を必ず説明しよう。「〜を追いかける」はrun after 〜。「〜を置き忘れる」はleaveを用い，forgetはふつう用いない。解答例のようにbecauseで〈原因・理由〉と〈結果（現在の状況）〉を結ぶほかに，He left his bag in the taxi, so he's running after it.のように*A*, so *B*「*A*，そのため*B*」の形で答えることもできる。

教えて! 先生

### 20秒間の黙読時間の使い方① 〜パッセージ〜

黙読ではパッセージのトピックや大まかな内容，音読のポイントがつかめればOKです。タイトルからトピックをしっかり押さえ，意味のまとまりを意識してパッセージを読んでいくと内容が理解しやすく，音読にも効果的です。No. 1のパッセージに関する質問は，後半部分から出題されることが多いことも覚えておくとよいでしょう。

Do you think it is a good idea for students to work part-time?
Yes.と答えた場合 → Why?
No.と答えた場合 → Why not?

「あなたは，学生がアルバイトをするのはよい考えだと思いますか」
「はい」と答えた場合→「なぜですか」
「いいえ」と答えた場合→「なぜですか」

## 解答例

**Yes. と答えた場合 → Why?**

**Working part-time can be a good experience for students. They can learn a lot of things they cannot learn at school.**

「アルバイトをすることは学生にとってよい経験になり得るからです。学校では学べないたくさんのことを学ぶことができます」

**No. と答えた場合 → Why not?**

**Most students are busy with their studies and club activities. They don't have time to do part-time jobs.**

「ほとんどの学生は勉強とクラブ活動で忙しいからです。彼らにはアルバイトの仕事をする時間がありません」

## 応答のポイント

質問にある work part-time は「アルバイトをする」という意味である。
Yes. の場合には，解答例にあるように，まず「よい経験になるからだ」などと述べ，その後に具体的な説明を続けるとよい。「働く経験は将来役立つ (Their work experience will help them in the future.)」，「働くことは社会を知ることに役立つ (Working helps them learn about society.)」などもよいだろう。
No. の場合も同様に，「学生は勉強とクラブ活動で忙しい」とまず述べて，その内容を別の言葉で言い換えたり，それを前提に具体的な提言をしたりするとよい。例えば「学校でよい成績を取るためにもっと努力すべきだ (They should try harder to get good grades at school.)」，「学業に集中すべきだ (They should focus on their schoolwork.)」などが考えられる。

Today, many people in Japan work in hospitals. Are you interested in working in a hospital?

Yes.と答えた場合　→ Please tell me more.

No.と答えた場合　→ Why not?

「今日，日本では多くの人が病院で働いています。あなたは病院で働くことに興味がありますか」
「はい」と答えた場合→「もっと説明してください」
「いいえ」と答えた場合→「なぜですか」

## 解答例

**Yes. と答えた場合 → Please tell me more.**

**When I stayed in a hospital, the doctors were very kind to me. I want to be a doctor like them and save people's lives.**

「私が入院したとき，お医者さんは私にとても親切でした。私は彼らのような医師になり，人の命を救いたいです」

**No. と答えた場合 → Why not?**

**I think working in a hospital is very hard. Also, I want to be an engineer in the future.**

「病院で働くのはとても大変だと思うからです。また，私は将来エンジニアになりたいです」

## 応答のポイント

Yes. の場合には，ただ「将来，医師［看護師］になりたい」と答えるだけでは情報量不足。その理由や詳しい説明まで加えるようにしたい。例えば，「人の役に立ちたい（I want to help people.)」などと述べることもできる。また，解答例のようにまず自分の過去の経験について述べる答え方もある。ほかにも，「病院でボランティアをしたい（I want to volunteer at a hospital.)」などと説明してもよいだろう。
No. の場合には，解答例のように仕事の大変さについて説明することが中心となるだろう。具体的に「医師や看護師は夜に働かなければならないことがある（Doctors and nurses sometimes have to work at night.)」などと述べることもできる。

# Day 2

## *Cashless Payment*

**Most people have bought something at a store using cash. These days, however, payment without cash is becoming common. Some stores accept payment by credit card or smartphone, and by doing so they help people pay more easily and quickly. More stores will probably allow such cashless payment in the future.**

# Questions

17

According to the passage, how do some stores help people pay more easily and quickly?

Now, please look at the people in Picture A. They are doing different things. Tell me as much as you can about what they are doing.

Now, look at the woman in Picture B. Please describe the situation.

Now, Mr. /Ms. ──, please turn over the card and put it down.

Do you think more people will read digital books in the future?

Yes.と答えた場合 → Why?

No.と答えた場合 → Why not?

Today, there are many kinds of cafés around Japan. Do you like to go to a café?

Yes.と答えた場合 → Please tell me more.

No.と答えた場合 → Why not?

**語句と構文**

**cashless** [kǽʃləs] 形 キャッシュレスの
**payment** [péɪmənt] 名 支払い
**using cash** 現金を使って
**common** [ká(:)mən] 形 一般的な，よくある
**accept** [əksépt] 動 ～を受け入れる
**credit card** クレジットカード
**smartphone** [smá:rtfòun] 名 スマートフォン
**help *A* (to) *do*** 構 *A*が～する手助けをする
**easily** [í:zɪli] 副 簡単に，楽に
**quickly** [kwíkli] 副 すばやく
**probably** [prá(:)bəbli] 副 おそらく，たぶん
**allow** [əláu] 動 ～を認める，～を許す

## ● 音読の攻略

### Cashless Payment

[kǽʃləs]の発音注意

**Most people** have **bought something** at a **store** / using

はじめははっきりと　boughtの[ɔː]とsomethingの[θ]に注意

**cash**. / **These days**, / however, / **payment** without

howeverの後に軽くポーズ　payment without cashは一息で

**cash** is becoming **common**. / **Some stores accept**

[kɑ́(ː)mən]の発音注意　[əksépt]は子音をはっきりと

**payment** by **credit card** or **smartphone**, / and by

**doing so** / they **help** people **pay** more **easily** and

soの後に軽くポーズ　easilyとquicklyは2つとも少し強めに

**quickly**. / **More stores** will **probably allow** such

[prɑ́(ː)bəbli]の発音注意　such

**cashless payment** in the future.

cashless paymentは切らずに　futureは下げ調子で読み，文章を終える

▶ payment without cashやsuch cashless paymentは，この文章のテーマであり，ひとまとまりの意味を持っているので，途中で切らずに丁寧に読みたい。

訳 **キャッシュレスでの支払い**

ほとんどの人は現金を使って店で何かを買ったことがある。しかし，この頃，現金を使わない支払いが一般的になってきている。いくつかの店は，クレジットカードやスマートフォンでの支払いを受け入れていて，そうすることで人々がより簡単にすばやく支払う手助けをしている。今後，おそらくそのようなキャッシュレスでの支払いを認める店が増えるだろう。

# ● 解答例と応答のポイント

According to the passage, how do some stores help people pay more easily and quickly?

「パッセージによると，いくつかの店はどのようにして人々がより簡単にすばやく支払う手助けをしているのですか」

## パッセージのポイント

キャッシュレスでの支払いに関する文章。

［第1文］背景：これまでの支払い方法の紹介。

［第2文］導入：キャッシュレスでの支払いというテーマの提示。

［第3文］説明：いくつかの店での具体例（クレジットカードやスマートフォンでの支払い）。

［第4文］まとめ：今後の展望（キャッシュレスでの支払いを認める店が増える）。

## 解答例

**By accepting payment by credit card or smartphone.**

「クレジットカードやスマートフォンでの支払いを受け入れることによってです」

**Some stores accept payment by credit card or smartphone, and by doing so they help people pay more easily and quickly.**

「いくつかの店は，クレジットカードやスマートフォンでの支払いを受け入れていて，そうすることで人々がより簡単にすばやく支払う手助けをしています」

## 応答のポイント

質問の疑問詞がhow「どのようにして」であることを聞き取り，質問のhelp people pay more easily and quicklyをパッセージの中から見つける。それが第3文の後半部分であることがわかったら，その前にあるby doing so「そうすることによって」に着目し，このdo soがさらに前にあるaccept payment by credit card or smartphoneであることを見抜いて，By accepting payment ～. と答えればよい。

Now, please look at the people in Picture A. They are doing different things. Tell me as much as you can about what they are doing.

「さて，イラストA の人々を見てください。彼らはさまざまなことをしています。彼らが何をしているのか，できるだけたくさん説明してください」

## イラストのポイント

以下の5つの情報を読み取る。人物の服装などの細かい描写は不要。①女性が箱を包装している。②男性が1枚の紙に何かを書いている。③女の子がエレベーターを待っている。④男性がジャケットを着て［脱いで］いる。⑤男の子がセーターを選んでいる。

## 解答例

**A woman is wrapping a box.**
「女性が箱を包装しています」

**A man is writing something on a piece of paper.**
「男性が1枚の紙に何かを書いています」

**A girl is waiting for the elevator.**
「女の子がエレベーターを待っています」

**A man is putting on [taking off] a jacket.**
「男性がジャケットを着て［脱いで］います」

**A boy is choosing a sweater.**
「男の子がセーターを選んでいます」

## 応答のポイント

「～を包装する」はwrap。ちなみに，「包装紙」はwrapping paperと言う。「エレベーターを待つ」はwait for the elevatorだが，elevator [élɪvèɪţər] のアクセントに注意しよう。「(服) を着る」，「(靴) を履く」，「(帽子) をかぶる」など「～を身に着ける」はすべてput on ～で，その反対はtake off ～である。「男の子がセーターを選んでいる」は，「男の子がどのセーターを買おうか考えている (A boy is thinking about which sweater to buy.)」と答えてもよいだろう。

Now, look at the woman in Picture B. Please describe the situation.

「さて，イラストBの女性を見てください。この状況を説明してください」



## イラストのポイント

レストランらしき場所である。女性の困惑した表情と吹き出しから，女性はお箸を使いたがっていることがわかる。ところが，ウエイターの男性は女性にフォークを持ってきたことを読み取る。

## 解答例

**She wants to use chopsticks, but the man (has) brought her a fork.**

「彼女はお箸を使いたがっているが，男性は彼女にフォークを持ってきました」

**She wants to use chopsticks.**

「彼女はお箸を使いたがっています」

**The man (has) brought her a fork.**

「男性は彼女にフォークを持ってきました」

## 応答のポイント

「女性がお箸を使いたがっている」ことと「男性が彼女にフォークを持ってきた」ことの2点を説明し，その2つをbutで結べばよい。「お箸（一膳）」は (a pair of) chopsticksで，chopstickは複数形にする。「フォーク」はa fork。「*A*に〜を持ってくる」はbring *A* 〜，またはbring 〜 to *A*である。また，wantとbringの動詞の形にも注意したい。

教えて！先生

### 20秒間の黙読時間の使い方② 〜イラスト〜

黙読の時間は20秒なので，イラストをじっくり見てしまうと，あっという間に終わってしまいます。まずはパッセージに集中し，音読とNo.1のパッセージに関する質問に備えましょう。イラストはパッセージを読み終わってさらに時間があれば目を通しておく程度で大丈夫です。

Do you think more people will read digital books in the future?

Yes.と答えた場合 → Why?

No.と答えた場合 → Why not?

「あなたは今後，電子書籍を読む人が増えると思いますか」
「はい」と答えた場合→「なぜですか」
「いいえ」と答えた場合→「なぜですか」

## 解答例

**Yes. と答えた場合 → Why?**

**Buying digital books online is convenient. Also, digital books don't take up much space.**

「オンラインで電子書籍を購入するのが便利だからです。また，電子書籍はあまり場所をとりません」

**No. と答えた場合 → Why not?**

**Some people don't have their own digital device. It's easier for them to get books at a bookstore.**

「自分のデジタルデバイスを持っていない人もいるからです。そのような人には書店で本を買うほうが楽です」

## 応答のポイント

質問は，電子書籍が普及するか否かということである。ちなみに，「電子書籍」はa digital bookまたはan e-book (an electronic book)，対する「紙の書籍」はa paper bookと表現する。

Yes. の場合には，解答例にある「便利である（be convenient)」のほかに，「電子書籍のほうが紙の本より安い（Digital books are cheaper than paper books.)」のように価格の安さについて述べてもよい。また，紙を必要としないことから，「デジタルデバイスで本を読むほうが環境によい (Reading on a digital device is better for the environment.)」と環境面から解答することも可能。

No. の場合には，電子書籍に必要なデジタルデバイス (computer, tablet (computer), smartphoneなど）の問題について触れるほかに，「電子書籍で読むのは疲れる (Reading e-books is tiring.)」や「紙の本を読むほうがずっと楽である（It's much more relaxing to read paper books.)」などと答えてもよいだろう。

Today, there are many kinds of cafés around Japan. Do you like to go to a café?
Yes.と答えた場合　→ Please tell me more.
No.と答えた場合　→ Why not?

「今日，日本中にたくさんの種類のカフェがあります。あなたはカフェに行くのが好きですか」
「はい」と答えた場合→「もっと説明してください」
「いいえ」と答えた場合→「なぜですか」



## 解答例

**Yes. と答えた場合 → Please tell me more.**

**I usually go to a café with my friends. I enjoy chatting while having tea and cakes.**
「私はふつう友達とカフェに行きます。お茶を飲んでケーキを食べながらおしゃべりして楽しみます」

**No. と答えた場合 → Why not?**

**Drinks at cafés are usually expensive. I prefer to buy drinks from a vending machine.**
「カフェの飲み物はふつう値段が高いからです。私は自動販売機で飲み物を買うほうが好きです」

## 応答のポイント

caféとは，「カフェ，喫茶店」だが，英米では軽食を出す小さなレストランも指す。café [kæféɪ] の発音とアクセントにも気を付けよう。
Yes. の場合には，具体的に自分がカフェに行くことについて説明すればよい。「自宅近くにすてきなカフェがある（There is a nice café near my house.）」や「私は勉強するためにカフェに行く（I go to a café to study.）」，「カフェで勉強するほうが家よりも楽だ（It's easier to study in a café than at home.）」などが考えられるだろう。
No. の場合には，「カフェはふつう混んでいてうるさい（Cafés are usually crowded and noisy.）」などとカフェの問題点を述べて，「友達とは自宅で話すほうが好きだ（I prefer to talk with my friends at home.）」などとカフェの代わりに利用する場所について触れてもよいだろう。

# Day 3

23

## *Sea Travel*

**Today, most people travel to foreign countries by plane because it is the fastest way. However, sea travel is also becoming popular. Many cruise ships are just like high-class hotels. Travelers can enjoy delicious food and various activities on the ship, so they can relax and forget about their usual lives.**

**A**

**B**

# Questions

**No. 1** According to the passage, why can travelers relax and forget about their usual lives?

**No. 2** Now, please look at the people in Picture A. They are doing different things. Tell me as much as you can about what they are doing.

**No. 3** Now, look at the woman wearing glasses in Picture B. Please describe the situation.

Now, Mr. /Ms. ── , please turn over the card and put it down.

**No. 4** Do you think traveling is a good way to relax?
Yes. と答えた場合 → Why?
No. と答えた場合 → Why not?

**No. 5** Today, many towns in Japan have shopping malls. Do you like buying things at shopping malls?
Yes. と答えた場合 → Please tell me more.
No. と答えた場合 → Why not?

**語句と構文**

**travel** [trǽvəl] 名 旅行　動 旅行する
**most** [moust] 形 ほとんどの
**foreign** [fɔ́(:)rən] 形 外国の
**by plane** 飛行機で
**cruise** [kru:z] 名 クルーズ，船旅
**be just like ～** 構 まさに［ちょうど］～のようだ
**high-class** [hàɪklǽs] 形 一流の
**delicious** [dɪlíʃəs] 形 おいしい
**various** [véəriəs] 形 さまざまな
**activity** [æktívəţi] 名 アクティビティ，活動
**relax** [rɪlǽks] 動 ゆっくりする，リラックスする
***one's* usual life** 普段の生活
**shopping mall** ショッピングモール

## ● 音読の攻略

### Sea Travel

[trǽvəl]の発音注意。×「トラベル」

**Today**, / **most people travel** to **foreign countries** by **plane** / **because** it is the **fastest** way. / **However**, / **sea travel** is **also becoming popular**. / **Many cruise ships** are **just like high-class hotels**. / **Travelers** can **enjoy delicious food** and **various activities** on the **ship**, / **so** they can **relax** / and **forget** about their **usual lives**.

- most: [moust]の[ou]発音注意
- foreign: [fɔ́(ː)rən]の発音注意
- fastest は強めに
- However の後に軽くポーズ
- sea travel は丁寧に
- also は少し強めに
- cruise: [kruːz]の[r]発音注意
- just like は強くはっきりと
- hotels: [hòutél]の発音・アクセント注意
- various: [véəriəs]の発音注意
- relax と forget を強めに
- about their は弱く

**ここに注意!**

- ▶第2文の However の後には軽くポーズを置こう。また，however の後には重要な情報がくることが多いので丁寧に読みたい。
- ▶第3文の just は like～を強調する語なので，強めに読む。
- ▶第4文の delicious food and various activities は2つの「形容詞＋名詞」が and で結ばれたフレーズ。and は弱めに読みたい。

訳 **船の旅**

今日，ほとんどの人は飛行機で外国に旅行する。なぜなら，それが最も速い方法だからだ。しかし，船の旅も人気が高まっている。クルーズ船の多くはまさに一流ホテルのようである。旅行者は，船の上でおいしい料理とさまざまなアクティビティを楽しめるので，ゆっくりして普段の生活を忘れることができる。

## ● 解答例と応答のポイント

According to the passage, why can travelers relax and forget about their usual lives?

「パッセージによると，旅行者はなぜゆっくりして普段の生活を忘れることができるのですか」



### パッセージのポイント

豪華客船を使った船の旅に関する文章。

［第1文］導入①：旅に関する一般論（外国へは飛行機を使う人がほとんど）。

［第2文］導入②：船の旅というテーマの提示。

［第3文］説明①：船の旅が人気の理由（クルーズ船は一流ホテルのようである）。

［第4文］説明②：船の旅が人気の理由（ゆっくりして普段の生活を忘れられる）。

### 解答例

**Because they can enjoy delicious food and various activities on the ship.**

「船の上でおいしい料理とさまざまなアクティビティを楽しめるからです」

もう
ひと息

**Travelers can enjoy delicious food and various activities on the ship, so they can relax and forget about their usual lives.**

「旅行者は，船の上でおいしい料理とさまざまなアクティビティを楽しめるので，ゆっくりして普段の生活を忘れることができます」

### 応答のポイント

まず，質問のcan ... relax and forget about their usual livesがパッセージの最後の部分にあることに注目しよう。質問はその理由なので，その前にある so「そのため」に着目して第4文前半のTravelers can enjoy delicious food and various activities on the ship を答えればよい。ただし，Travelersはすでに質問で出ているので，代名詞 they に置き換えること。「もうひと息」の解答のようにパッセージの文をそのまま抜き出すだけでは，適切な解答にはならない。

Now, please look at the people in Picture A. They are doing different things. Tell me as much as you can about what they are doing.

「さて，イラストAの人々を見てください。彼らはさまざまなことをしています。彼らが何をしているのか，できるだけたくさん説明してください」

## イラストのポイント

以下の5つの情報を読み取る。人物の服装などの細かい描写は不要。①女の子が音楽を聞いている。②男性が車から降りている。③男性がスーツケースを運んでいる。④男の子が鳥にえさをあげている。⑤女性が旗を振っている。

## 解答例

**A girl is listening to music.**
「女の子が音楽を聞いています」

**A man is getting out of the [his] car.**
「男性が車から降りています」

**A man is carrying a suitcase.**
「男性がスーツケースを運んでいます」

**A boy is feeding (some) birds.**
「男の子が鳥にえさをあげています」

**A woman is waving a flag.**
「女性が旗を振っています」

## 応答のポイント

「音楽を聞く」はlisten to musicで，musicに-sを付けたり，その前にaやtheを付けたりしてはいけない。「車から降りる」はget out of a car（⇔「車に乗る」はget in [into] a car）。「スーツケースを運ぶ」はcarry a suitcaseと表現しよう。「～にえさをあげる」は動詞feed（名詞形food）を覚えておきたいが，give some food to ～としてもよい。「旗を振る」はwave a flagである。

Now, look at the woman wearing glasses in Picture B. Please describe the situation.

「さて，イラストBの眼鏡をかけている女性を見てください。この状況を説明してください」

Day 3

### イラストのポイント

吹き出しの内容から，女性はエレベーターに乗りたいのだが乗れない状況であると読み取る。理由は，エレベーターが人でいっぱいだからであると理解する。

### 解答例

**She can't take the elevator because it's full of people [very crowded].**

「人でいっぱいなので［とても混んでいるので］，彼女はエレベーターに乗れません」

**She can't take the elevator.** 「彼女はエレベーターに乗れません」

**The elevator is full of people [very crowded].**

「エレベーターは人でいっぱいです［とても混んでいます］」

### 応答のポイント

イラストから「女性はエレベーターに乗れない」という〈結果〉と，その〈原因〉の「エレベーターが人でいっぱいである［とても混んでいる］」の2点を説明する。elevator [élɪvèɪt̬ər] の発音は語頭のアクセントに気を付け，日本語の「エレベーター」にならないよう気を付けよう。また，「エレベーターに乗る」はget on [in] the elevatorでもよい。「人でいっぱいである」はbe full of peopleでよいが，be crowded with peopleまたはbe very crowdedと表現することもできる。

教えて！先生

### 音読のカタカナ読みへの対処法

カタカナ読みの原因の多くは，単語のアクセントが不十分な場合がほとんどです。特に長い単語を読むときには，アクセントのある母音を強く読み，それ以外は弱く読みます。強弱のアクセントでは，お腹から声を出すことも重要です。

Do you think traveling is a good way to relax?
Yes.と答えた場合　→ Why?
No.と答えた場合　→ Why not?

「あなたは旅行をすることはリラックスするよい方法だと思いますか」
「はい」と答えた場合→「なぜですか」
「いいえ」と答えた場合→「なぜですか」

## 解答例

● Yes. と答えた場合 → Why?

**Visiting different places is fun. We can also take a break from studying or working.**

「さまざまな場所を訪れることは面白いからです。勉強や仕事をすることから離れて，ひと休みすることもできます」

● No. と答えた場合 → Why not?

**It takes a lot of time and energy to prepare for a trip. Also, traveling is expensive.**

「旅行の準備にはたくさんの時間と労力が必要だからです。また，旅行は費用がかかります」

## 応答のポイント

Yes. の場合には，「旅行は楽しいから」と答えるだけでは解答として不十分。その後に，旅行によって可能になることを具体的に説明したい。解答例のほかには，「おいしいものを楽しめる（We can enjoy good [delicious] food.）」，「何か新しいことを発見できる（We can discover something new.）」なども考えられる。
No. の場合には，旅行のマイナス面として解答例の「準備が大変」「費用がかかる」のほかに，「旅行は疲れる（Traveling is tiring.）」なども考えられる。また，「家でペットと遊んでいるほうが好きな人もいる（Some people prefer playing with their pets at home.）」のように，旅行以外のリラックス方法を好む人について説明してもよいだろう。

Today, many towns in Japan have shopping malls. Do you like buying things at shopping malls?

Yes.と答えた場合　→ Please tell me more.

No.と答えた場合　→ Why not?

「今日，日本の多くの町にはショッピングモールがあります。あなたはショッピングモールで買い物をするのが好きですか」
「はい」と答えた場合→「もっと説明してください」
「いいえ」と答えた場合→「なぜですか」

Day 3

## 解答例

○ Yes. と答えた場合 → Please tell me more.

**There are a lot of stores in a shopping mall. Also, we can enjoy eating many different kinds of food.**

「ショッピングモールにはたくさんの店があります。また，たくさんのさまざまな種類の料理を食べて楽しむこともできます」

○ No. と答えた場合 → Why not?

**Shopping malls are too large. Also, they are usually very crowded with many customers.**

「ショッピングモールは広過ぎるからです。また，そこはふつう多くの客でとても混雑しています」

## 応答のポイント

Yes. の場合には，解答例のように「たくさんの店がある」と答えた後に，「そこで欲しいものは何でも買える（I can buy anything I want there.）」などと買い物について触れたり，施設面について「ショッピングモールはきれいで快適だ（Shopping malls are clean and comfortable.）」などと説明したりして，ショッピングモールのよい点を具体的に説明したい。
No. の場合には，逆にその欠点を挙げればよい。「そこで買いたいものを探すのは大変だ（It's difficult to find what I want to buy there.）」などと答えることもできる。また，別の角度から，「自宅近くにショッピングモールがない（There is no shopping mall near my house.）」，「私は買い物に興味がない（I'm not interested in shopping.）」などと述べることも可能である。

# Day 4

31

## *Online Movies*

**Nowadays, many people enjoy watching movies online. It is cheaper to watch movies online than at movie theaters. Some people download movies to their own computer or smartphone, and by doing so they can enjoy movies anytime anywhere. People can watch movies at home or even on the bus or train.**

# Questions

**No. 1** According to the passage, how can some people enjoy movies anytime anywhere?

**No. 2** Now, please look at the people in Picture A. They are doing different things. Tell me as much as you can about what they are doing.

**No. 3** Now, look at the boy and the woman in Picture B. Please describe the situation.

Now, Mr. /Ms. —— , please turn over the card and put it down.

**No. 4** Do you think watching movies in English is a good way to learn English?

Yes. と答えた場合 → Why?

No. と答えた場合 → Why not?

**No. 5** Today, there are many kinds of foreign food restaurants in Japan. Do you like eating foreign foods?

Yes. と答えた場合 → Please tell me more.

No. と答えた場合 → Why not?

### 語句  構文

**online** [à(:)nláɪn] 形 副 オンライン［インターネット］の［で］

**nowadays** [náʊədèɪz] 副 近頃は

**cheap** [tʃi:p] 形 安い

**movie theater** 映画館

**download** [dáʊnlòʊd] 動 ～をダウンロードする

**smartphone** [smá:rtfòʊn] 名 スマートフォン

**anytime** [énitàɪm] 副 いつでも

**anywhere** [énihwèər] 副 どこででも

**at home** 家で

**even** [í:vən] 副 ～でさえ

## ● 音読の攻略

### Ónline Móvies

onlíneの後にmóviesのような語が続く場合はónlineとなる

**Nówadays**, / **mány péople enjóy wátching móvies**

Nowadaysの後に軽くポーズ　watching movies onlineは1語1語丁寧に

**onlíne**. / It is **chéaper** to watch móvies **onlíne** / than at

cheaperの[tʃ]に注意　onlineとmovie theaters

**móvie théaters**. / **Some péople dównload** móvies

を強めて対比させる　[dáʊnlòʊd]の発音・アクセント注意

to their own **compúter** or **smártphone**, / and by **dóing**

to their ownは弱く

**so** / they can **enjóy móvies ánytime ánywhere**. /

soの後に軽くポーズ　anytimeもanywhereも強めに

Péople can watch **móvies** at **home** / or **éven** on the **bus**

at homeはつなげて　evenは強く読む

or **train**.

trainは下降調で読み，文章全体を終える

**ここに注意!**

▶第2文では，cheaperをはっきり読み，比較されている2つの要素（onlineとmovie theaters）をやや強めに読んで，対比がわかるようにする。

▶download「～をダウンロードする」のように日本語になっている単語の発音・アクセントは，日本語のカタカナ読みにならないように注意。

▶第3文のto theirや第4文のon theなど，一般的に前置詞や代名詞，冠詞は弱く発音する。

訳 **オンライン映画**

近頃は，多くの人がオンラインで映画を見て楽しむ。映画館でよりもオンラインで映画を見るほうが安い。一部の人は映画を自分のコンピューターやスマートフォンにダウンロードし，そうすることで映画をいつでもどこででも楽しむことができる。自宅で，またはバスや電車の中でさえも映画を見ることができるのである。

## ● 解答例と応答のポイント

According to the passage, how can some people enjoy movies anytime anywhere?

「パッセージによると，一部の人はどのようにして映画をいつでもどこででも楽しむことができるのですか」



### パッセージのポイント

オンライン映画に関する文章。

［第1文］導入：オンライン映画というテーマの提示。

［第2文］説明①：オンライン映画の利点（映画館より安い）。

［第3文］説明②：オンライン映画の視聴方法とその利点（ダウンロードし，いつでもどこででも視聴可能）。

［第4文］説明③：説明②の具体的な追加説明（バスや電車でさえも視聴可能）。

### 解答例

**By downloading movies to their own computer or smartphone.**

「映画を自分のコンピューターやスマートフォンにダウンロードすることによってです」

**Some people download movies to their own computer or smartphone, and by doing so they can enjoy movies anytime anywhere.**

「一部の人は映画を自分のコンピューターやスマートフォンにダウンロードし，そうすることで映画をいつでもどこででも楽しむことができます」

### 応答のポイント

質問の疑問詞がhow「どのようにして」なので，By *doing* ～. と答えるという方針を立てる。質問と同じ語句がパッセージの第3文後半にあることを確認して，その前にあるby doing so「そうすることによって」のdo soが何を指すのかを考えよう。それは，さらに前にあるdownload movies to their own computer or smartphoneを指しているので，By downloading movies ～. と答えればよい。

Now, please look at the people in Picture A. They are doing different things. Tell me as much as you can about what they are doing.

「さて，イラストＡの人々を見てください。彼らはさまざまなことをしています。彼らが何をしているのか，できるだけたくさん説明してください」

## イラストのポイント

以下の５つの情報を読み取る。人物の服装などの細かい描写は不要。①男性が本を読んでいる。②女の子がサンドイッチを食べている。③男性がコーヒーを注いでいる。④男の子がトレーをカウンターに返却している。⑤女性が花に水をやっている。

## 解答例

**A man is reading a book.**
「男性が本を読んでいます」

**A girl is eating a sandwich.**
「女の子がサンドイッチを食べています」

**A man is pouring coffee.**
「男性がコーヒーを注いでいます」

**A boy is returning a tray to the counter.**
「男の子がトレーをカウンターに返却しています」

**A woman is watering some flowers.**
「女性が花に水をやっています」

## 応答のポイント

「サンドイッチを食べる」はeat a sandwichだが，sandwich [sǽndwitʃ] の発音とアクセントに注意しよう。「コーヒーを注ぐ」はpour [pɔːr] coffeeだが，put coffee into a cup「コーヒーをカップに入れる」を用いてもよい。「トレーを返却する」は return a tray だが，「トレーをカウンターに置く」と考えてput a tray on the counterと表現することも可能。waterには動詞として「～に水をやる」という意味があり，water (some) flowersで「花に水をやる」。give (some) water to the flowersを用いて答えてもよい。

Now, look at the boy and the woman in Picture B. Please describe the situation.

「さて，イラストBの男の子と女性を見てください。この状況を説明してください」

## イラストのポイント

男の子と女性の行動をそれぞれ読み取る。男の子は大声で話している。それに対して女性は，吹き出しから，彼に静かにするように言っていることがわかる。



## 解答例

これで完璧!

**He's talking loud(ly), so she's telling him to be quiet.**
「彼は大声で話しているので，彼女は彼に静かにするように言っています」

もうひと息

**He's talking loud(ly).**
「彼は大声で話しています」

**She's telling him to be quiet.**
「彼女は彼に静かにするように言っています」

## 応答のポイント

「男の子が大声で話している」ことと「女性が彼に静かにするように言っている」ことの2点を落とさないように説明しよう。さらに両者の関係から，*A*, so *B*「*A*，そのため*B*」を用いて答えたい。「大声で」はin a loud voiceでもよい。aloudは「声に出して」という意味なのでここでは使えない。また，「話す」はtalkの代わりにspeakを用いてもよいが，sayは使えないので注意しよう。「彼に静かにするように言う」は〈tell *A* to *do*〉「*A*に～するように言う」を用いて表現したい。

教えて! 先生

### パッセージ中の読めない単語について

音読前の20秒の黙読のときに，読めない単語がないかどうかあらかじめ確認しておきましょう。もし，読めない単語があった場合には，その語のスペリングから，もっともありそうな発音を自分で推測して読みます。読んでみると，同時に意味がわかることもよくありますよ。いずれにしても，読み飛ばすことなく，何とか読むことが大切です。

Do you think watching movies in English is a good way to learn English?

Yes.と答えた場合 → Why?

No.と答えた場合 → Why not?

「あなたは，英語で映画を見ることは英語を学ぶよい方法だと思いますか」
「はい」と答えた場合→「なぜですか」
「いいえ」と答えた場合→「なぜですか」

## 解答例

### Yes. と答えた場合 → Why?

**We can learn a lot of new vocabulary by watching movies. Also, it's a fun way to learn English.**

「映画を見ることでたくさんの新しい語彙を学べるからです。また，それは英語を学ぶ楽しい方法です」

### No. と答えた場合 → Why not?

**Just watching movies doesn't help us learn English. Some words used in movies are too difficult to understand.**

「ただ映画を見るだけでは英語の学習に役立たないからです。映画の中で使用されているいくつかの単語は難し過ぎて理解できません」

## 応答のポイント

Yes. の場合には，「映画を見ることは英語を勉強する楽しいやり方だ（Watching movies is a fun way to study English.）」のように答えた後で，「今日では英語の映画を簡単にスマートフォンにダウンロードできる（Today, people can download English movies to their smartphone easily.）」などと付け加えてまとめてもよいだろう。

No. の場合には，「ただ映画を見るだけでは何も学べない（People can't learn anything just by watching movies.）」などと，映画を見ても学習効果がないことを説明することになるだろう。さらに，「ほとんどの人は本を使ったほうが英語をよく学べる（Most people can learn English better by using books.）」などと，映画以外の学習方法について触れてもよい。

Today, there are many kinds of foreign food restaurants in Japan. Do you like eating foreign foods?
Yes.と答えた場合　→ Please tell me more.
No.と答えた場合　→ Why not?

「今日，日本にはたくさんの種類の外国料理のレストランがあります。あなたは外国の食べ物を食べるのが好きですか」
「はい」と答えた場合→「もっと説明してください」
「いいえ」と答えた場合→「なぜですか」

Day 4

## 解答例

**Yes. と答えた場合 → Please tell me more.**

**I often go to a foreign food restaurant when I eat out. I especially like Asian food.**
「私は外食する際によく外国料理のレストランに行きます。私は特にアジア料理が好きです」

**No. と答えた場合 → Why not?**

**Some foreign foods are too spicy for me. Also, eating at foreign food restaurants is usually expensive.**
「外国料理の中には私にとって辛過ぎるものもあるからです。また，外国料理のレストランで食事をすることはたいてい高いです」

## 応答のポイント

foreign food(s)は，Italian food「イタリア料理」，Indian food「インド料理」，Chinese food「中華料理」などの「外国料理」のことである。
Yes. の場合には，外国料理に関して，具体的に自分のことを説明しよう。「私は辛い食べ物が大好きだ（I love hot and spicy food.）」，「自宅近くにおいしい中華料理店がある（There is a good Chinese restaurant near my house.）」，「この前の日曜日に私は昼食にピザを焼いた（I baked pizza for lunch last Sunday.）」など，料理・場所・行動などいろいろな面から話すことができる。
No. の場合には，外国料理が苦手な理由を説明する。「辛い（spicy [hot]）」，「しょっぱい（salty）」，「甘過ぎる（too sweet）」，「苦い（bitter）」，「酸っぱい（sour）」など，その料理の味について触れたり，「私は和食を食べるほうが好きだ（I prefer eating Japanese food.）」などと説明してもよいだろう。

39

## *Car Navigation Systems*

**These days, many people have navigation systems in their cars. These systems show drivers the roads they should use for traveling. Drivers even hear directions from navigation systems, and by doing so they can drive safely without looking at a map. With such systems in cars, people feel more comfortable when driving.**

**A**

**B**

# Questions

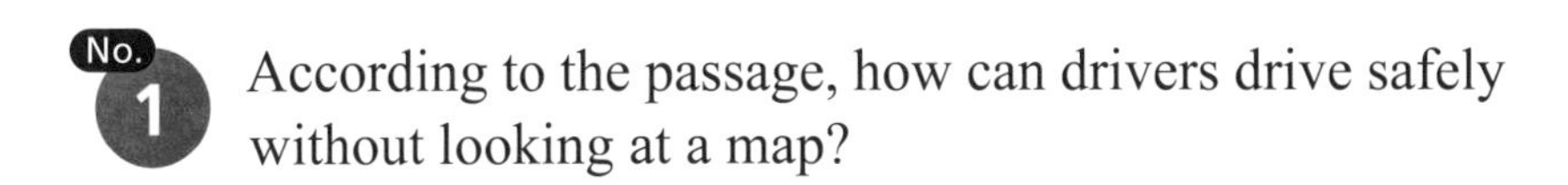

**No. 1** According to the passage, how can drivers drive safely without looking at a map?

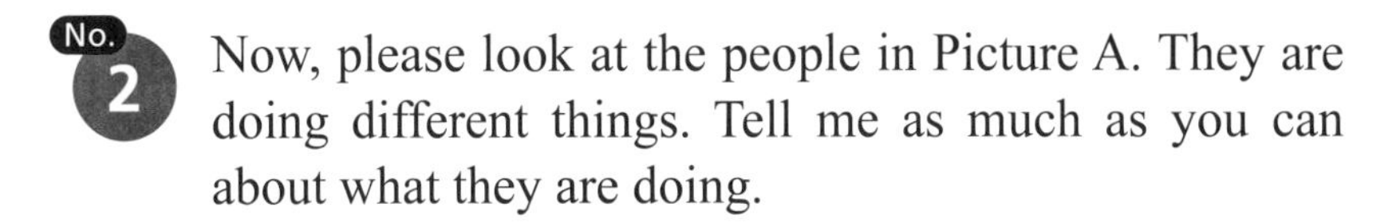

**No. 2** Now, please look at the people in Picture A. They are doing different things. Tell me as much as you can about what they are doing.

**No. 3** Now, look at the man in Picture B. Please describe the situation.

Now, Mr. /Ms. ── , please turn over the card and put it down.

**No. 4** Do you think more people will drive electric cars in the future?

Yes. と答えた場合 → Why?

No. と答えた場合 → Why not?

**No. 5** These days, there are a lot of foreign visitors to Japan. Do you want to show them around your town?

Yes. と答えた場合 → Please tell me more.

No. と答えた場合 → Why not?

**語句と構文**

**car navigation system** カーナビゲーションシステム，カーナビ
**show drivers ～** 運転者に～を教える
**road** [roʊd] 名 道，道路
**the roads they should use for ～** ～のために利用すべき道
**travel** [trǽvəl] 動 移動する
**even** [íːvən] 副 ～までも，～さえ
**direction** [dərékʃən] 名 道順，行き方
**safely** [séɪfli] 副 安全に
**without *doing*** 構 ～することなしに
**with such systems in cars** そのようなシステムが車に付いていて
**comfortable** [kʌ́mfərṭəbl] 形 快適な
**show *A* around ～** 構 *A* に～を案内する

## ● 音読の攻略

### Car Navigation Systems

Car も Navigation も強く発音

**These** days, / **many people** have **navigation systems**

days の後に軽くポーズ　navigation systems は丁寧に

in their **cars**. / **These systems** show **drivers** / the **roads**

roads は強めに目立たせて

they should **use** for **traveling**. / **Drivers even hear**

they から traveling までは一気に　even hear directions は

**directions** from **navigation systems**, / and by **doing**

強くはっきりと

**so** / they can drive **safely** / without **looking** at a **map**. /

so の後に軽くポーズ　without から最後までは一気に

With **such systems** in **cars**, / people feel more

cars の後に軽くポーズ

**comfortable** when **driving**.

comfortable のアクセント注意

**ここに注意!**

▶第2文はSVO₁O₂の文型であることを意識したい。drivers が $O_1$, the roads が $O_2$ である。さらに，the roads の後にはそれを後ろから修飾する形容詞節が続く。they should use for traveling の部分は，roads に説明を加える気持ちで読みたい。

▶第3文に出てくる from, by, without の前置詞は弱く読み，それに続く語を強めに読む。

訳 **カーナビゲーションシステム**

最近，車にカーナビを付けている人が多い。このシステムは，移動するのに利用すべき道を運転者に教えてくれる。運転者はカーナビから（音声で）道順を聞くことすらあり，そうすることで地図を見ずに安全に運転することができる。そのようなシステムが車に付いていると，車を運転するとき人々はより快適に感じる。

## ● 解答例と応答のポイント

According to the passage, how can drivers drive safely without looking at a map?

「パッセージによると，運転者はどのようにして地図を見ずに安全に運転することができるのですか」

### パッセージのポイント

カーナビに関する文章。

［第1文］導入：カーナビの現状（多くの人が車に付けている）。

［第2文］説明①：カーナビの基本機能（運転者に道を教える）。

［第3文］説明②：カーナビの別の機能（音声案内とその利点）。

［第4文］まとめ：カーナビで運転が快適になる。



### 解答例

**By hearing directions from navigation systems.**

「カーナビから（音声で）道順を聞くことによってです」

**Drivers even hear directions from navigation systems, and by doing so they can drive safely without looking at a map.**

「運転者はカーナビから（音声で）道順を聞くことすらあり，そうすることで地図を見ずに安全に運転することができます」

### 応答のポイント

まず，質問に出てくる部分が第3文後半can drive safely without looking at a mapにあることを確認しよう。その前にあるby doing so「そうすることによって」のdo soが，さらにその前にあるhear directions from navigation systemsを指していることを見抜き，By hearing ～. と答えればよい。一般に，How ～?「どのようにして～か」という疑問文に対しては，By *doing* ～.「～することによって」と答えることも押さえておこう。解答に関連するのが第3文だからと言って，「もうひと息」の解答のようにその文全体をそのまま読むだけでは質問に対する適切な応答とは言えない。問われていることを過不足なく適切な形で答えることを心がけよう。

Now, please look at the people in Picture A. They are doing different things. Tell me as much as you can about what they are doing.

「さて，イラストAの人々を見てください。彼らはさまざまなことをしています。彼らが何をしているのか，できるだけたくさん説明してください」

## イラストのポイント

以下の5つの情報を読み取る。人物の服装などの細かい描写は不要。①男性が買い物袋を車に入れている。②女性が台車を押している。③女の子がゴミを捨てている。④女性がバスの時刻表を見ている。⑤男性がバスから降りている。

## 解答例

**A man is putting some (shopping) bags into the car.**

「男性が（買い物）袋を車に入れています」

**A woman is pushing a cart.**

「女性が台車を押しています」

**A girl is throwing away trash [throwing something into a trash can].**

「女の子がゴミを捨てています［何かをゴミ箱に投げ入れています］」

**A woman is looking at the timetable [bus schedule].**

「女性が時刻表［バスの時刻表］を見ています」

**A man is getting off the bus.**

「男性がバスから降りています」

## 応答のポイント

「～を…へ入れる」はput ～ into [in] ... と表現できる。また，「買い物袋（レジ袋を含む）」はshopping bagsでよい。「台車」はcartである。「ゴミを捨てる」はthrow away trashであるが，trashは不可算名詞であることに注意。ちなみに，「ゴミ箱」はtrash can（米）やlitter bin（英）などと言う。「時刻表」はthe timetable，あるいはthe (bus) schedule。「バスから降りる」はget off a bus（⇔ get on a bus「バスに乗る」）。一般に「(バスや電車などの大型の乗り物）から降りる」はget off ～ と言う。get out of a car「自動車から降りる」と区別しよう。

Now, look at the man in Picture B. Please describe the situation.

「さて，イラストBの男性を見てください。この状況を説明してください」

## イラストのポイント

車の前で困った様子の男性から，この男性が車に乗れないでいることを理解する。また，ポケットを探している様子と吹き出しのイラストから，それは車の鍵が見つからないからだと読み取る。



## 解答例

**He can't get in [into] his car because he can't find his key.** 「彼は鍵を見つけられないので，車に乗ることができません」

**He can't get in [into] his car.**
「彼は車に乗ることができません」

**He can't find his key.**
「彼は鍵を見つけられません」

## 応答のポイント

「車に乗ることができない（結果）」ことと「鍵を見つけられない（原因）」ことの2点を答える。「車に乗る」はget in [into] a car（⇔「車から降りる」get out of a car）。「鍵を見つけられない」は，He doesn't have his key.「彼は鍵を持っていない」と表現してもよい。また，so「そのため」を用いて，〈原因〉→〈結果〉の順番でHe can't find his key, so he can't get in [into] his car.としてもよい。

教えて! 先生

### 初めての面接試験の対策方法

まずは，面接でどのような問題が出題されてどのように答えることが期待されているのかを理解することが大切です。例えば，No.2のイラスト説明では，5つの動作について現在進行形を使って説明することが求められています。本書のような対策本を大いに活用して，面接試験の内容を理解した上で，その練習を十分にしてから試験に臨みましょう。

Do you think more people will drive electric cars in the future?
Yes.と答えた場合　→ Why?
No.と答えた場合　→ Why not?

「あなたは，今後電気自動車を運転する人が増えると思いますか」
「はい」と答えた場合→「なぜですか」
「いいえ」と答えた場合→「なぜですか」

## 解答例

**Yes. と答えた場合 → Why?**

**Electric cars are better for the environment. Many people want to do something to help save the environment.**

「電気自動車のほうが環境によいからです。多くの人は，環境を守る手助けをするために何かをしたいと思っています」

**No. と答えた場合 → Why not?**

**Most electric cars are more expensive than cars that use gas. Also, it's not yet possible to drive long distances in electric cars.**

「ほとんどの電気自動車は，ガソリンを使用する車よりも値段が高いからです。また，電気自動車ではまだ長距離を走ることができません」

## 応答のポイント

まず，electric cars が「電気自動車」であることを押さえよう。考える際に，「ガソリン車（gasoline cars, cars that use gas)」と対比して考えるとよいだろう。
Yes. の場合は，解答例のようにまず短く「環境によい」と述べた後，2文目でその内容を膨らませるとよい。解答例では環境に対する人々の理解が進んでいることを挙げているが，「電気自動車は空気を汚さない（Electric cars don't pollute the air.)」などと具体的に電気自動車の利点を述べてもよい。
No. の場合は，電気自動車の価格の高さの問題のほかに，「電気自動車のバッテリーは充電するのに長い時間がかかる(Electric car batteries take a long time to charge.)」などと答えることもできる。

These days, there are a lot of foreign visitors to Japan. Do you want to show them around your town?
Yes.と答えた場合 → Please tell me more.
No.と答えた場合 → Why not?

「この頃，日本を訪れるたくさんの外国人観光客がいます。あなたは彼らにあなたの町を案内したいですか」
「はい」と答えた場合→「もっと説明してください」
「いいえ」と答えた場合→「なぜですか」

## 解答例

**Yes. と答えた場合 → Please tell me more.**

**There are a lot of places to visit in my town. I'd like to show them around and talk about the histories of these places.**

「私の町には訪問すべき場所がたくさんあります。私は，彼らを案内してこれらの場所の歴史について話したいと思います」

**No. と答えた場合 → Why not?**

**I don't know much about my town. I just moved there quite recently.**

「私の町について私はよく知らないからです。私はつい最近，引っ越してきたばかりです」

## 応答のポイント

Yes. の場合は，解答例の2文目の代わりに，自分が具体的に外国人に案内したい地元の名所や行事などについて説明してもよい。また，「自分の英語を使って有名なお寺を紹介したい（I want to use my English and show them our famous temple.）」などと自分の英語学習と結びつけて話すこともできる。
No. の場合には，Yes. の解答例を逆に考えて，自分の町には「見所（good places to see）」がないので「代わりに～へ連れて行きたい（I'd like to take them to ～ instead.）」と言ったり，「私はどの外国語もうまく話せない。私の町を知ってもらう手助けができないと思う（I don't speak any foreign languages well. I don't think I can help them learn about my town.）」などと外国語に対する不安について話してもよいだろう。

# Day 6

## *Mother and Baby Groups*

**Today, more mothers are forming mother and baby groups. In these groups, mothers share their experiences of raising children with other mothers. Many mothers can talk freely about their worries and troubles, so they find the mother and baby groups very helpful. There will be more such groups in the future.**

A

B

# Questions

**No. 1** According to the passage, why do many mothers find the mother and baby groups very helpful?

**No. 2** Now, please look at the people in Picture A. They are doing different things. Tell me as much as you can about what they are doing.

**No. 3** Now, look at the girl in Picture B. Please describe the situation.

Now, Mr. /Ms. ── , please turn over the card and put it down.

**No. 4** Do you think fathers will play more active roles in raising children in the future?

Yes. と答えた場合 → Why?

No. と答えた場合 → Why not?

**No. 5** There are many recycling stores in Japan now. Do you like buying used things?

Yes. と答えた場合 → Please tell me more.

No. と答えた場合 → Why not?

**語句と構文**

**group** [gruːp] 名 グループ，集団
**form** [fɔːrm] 動 ～を作る，～を結成する
**share *A* with *B*** *A*を*B*と共有する
**experience** [ɪkspíəriəns] 名 経験
**raise** [reɪz] 動 ～を育てる
**freely** [fríːli] 副 自由に（形free）
**worry** [wə́ːri] 名 心配事
**trouble** [trʌ́bl] 名 悩み事
**helpful** [hélpfəl] 形 役に立つ
**play a role** 役割を果たす
**active** [ǽktɪv] 形 積極的な
**used** [juːzd] 形 中古の

## ● 音読の攻略

### Mother and Baby Groups
[béɪbi] の[eɪ] 発音注意。×「ベビー」

**Today**, / **more mothers** are **forming mother** and
Todayの後に軽くポーズ　　mother ... groupsは丁寧に

**baby groups**. / In **these** groups, / **mothers share**
theseはやや強め

their **experiences** of **raising children** / with **other**
their ... childrenはひとまとまり

**mothers**. / **Many mothers** can **talk freely** about their
about theirは弱く

**worries** and **troubles**, / **so** they **find** the **mother** and
worriesとtroublesは強めに

**baby groups** very **helpful**. / There will be **more such**
helpfulは強めに　　more such groupsは

**groups** in the **future**.
ひとまとまり　　futureは下げ調子で読み，全体を終える

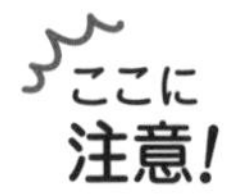


- ▶ 最初の2文の冒頭Today, In these groupsは各文の前置きなので，後に軽くポーズを置く。
- ▶ 第3文の後半のthey find ... helpfulはSVOCの文。Oはthe mother and baby groups, Cはvery helpfulであることを意識して，OとCの間に短くポーズを置いて読んでもよい。

訳 **子育てグループ**

今日，子育てグループを作る母親が増えている。これらのグループでは，母親は自分の子育て経験をほかの母親と共有する。多くの母親は，心配事と悩み事について自由に話すことができるので，子育てグループはとても役立つと考えている。今後，そのようなグループは増えていくだろう。

## ● 解答例と応答のポイント

According to the passage, why do many mothers find the mother and baby groups very helpful?

「パッセージによると，多くの母親はなぜ子育てグループはとても役立つと考えているのですか」

### パッセージのポイント

子育てグループに関する文章。

[第1文] 導入：子育てグループというテーマの提示。

[第2文] 説明①：活動内容の紹介（子育ての経験を共有する）。

[第3文] 説明②：利点（心配事と悩み事を相談できる）。

[第4文] まとめ：今後の展望（子育てグループは増えていく）。

### 解答例

これで完璧!

**Because they can talk freely about their worries and troubles.**

「心配事と悩み事について自由に話すことができるからです」

もうひと息

**Many mothers can talk freely about their worries and troubles, so they find the mother and baby groups very helpful.**

「多くの母親は，心配事と悩み事について自由に話すことができるので，子育てグループはとても役立つと考えています」

### 応答のポイント

質問の疑問詞whyを聞き取り，質問の find the mother and baby groups very helpfulがパッセージのどこにあるかをまず探そう。それは，パッセージの第3文後半に見つけられる。その前にあるso「そのため」は第3文前半の内容を受けているので，この前半部分を答えればよい。ただし，many mothersは質問ですでに出ているので，代名詞theyに置き換えて答える。「もうひと息」の解答のように第3文をそのまま抜き出して答えるのでは適切な解答とは言えない。

Day 6

Now, please look at the people in Picture A. They are doing different things. Tell me as much as you can about what they are doing.

「さて，イラストAの人々を見てください。彼らはさまざまなことをしています。彼らが何をしているのか，できるだけたくさん説明してください」

## イラストのポイント

以下の5つの情報を読み取る。人物の服装などの細かい描写は不要。①男性がケーキを切っている。②男の子がジュース［何か］を飲んでいる。③女の子が絵を描いている。④2人の男の子がテレビゲームをしている。⑤女性が犬を追いかけている。

## 解答例

**A man is cutting (a) cake.**
「男性がケーキを切っています」

**A boy is drinking juice [something].**
「男の子がジュース［何か］を飲んでいます」

**A girl is drawing a picture.**
「女の子が絵を描いています」

**Two boys are playing a (video) game.**
「2人の男の子が（テレビ）ゲームをしています」

**A woman is running after a dog.**
「女性が犬を追いかけています」

## 応答のポイント

「ジュース」は不可算名詞なので，aをつけてはいけない。「絵を描く」はデッサンのような線画の場合はdraw a picture，絵の具などで色を塗る絵の場合にはpaint a picture。いずれにしてもwrite「(文字・記号など）を書く」は使えないので注意しよう。2人の男の子の説明はTwo boys are 〜 で始めればよい。「(テレビ）ゲームを楽しんでいる」と考え，Two boys are enjoying a (video) game. と表現してもよいだろう。「〜を追いかける」はrun after 〜 という熟語で表現する。「女性が犬を捕まえようとしている（A woman is trying to catch a dog.)」としてもよい。

Now, look at the girl in Picture B. Please describe the situation.

「さて，イラストBの女の子を見てください。この状況を説明してください」

## イラストのポイント

飲み物の自動販売機の前で女の子は飲み物を買おうとしているが買えない様子であることを理解する。吹き出しから，その理由はお金が足りないからであると読み取る。

## 解答例

**She can't buy a drink because she doesn't have enough money (with her).**

「(手元に) 十分なお金がないので，彼女は飲み物を買うことができません」

**She can't buy a drink.**

「彼女は飲み物を買うことができません」

**She doesn't have enough money (with her).**

「彼女は (手元に) 十分なお金がありません」

## 応答のポイント

「飲み物を買うことができない」ことと「十分なお金がない」ことの2点を説明する。この2点は「原因 (十分なお金がない)」と「結果 (飲み物を買うことができない)」の関係なので，解答例のようにbecauseを用いて結ぶとよい。また，soを使ってShe doesn't have enough money (with her), so she can't buy a drink.のように表現してもよい。なお，「お金」はmoneyの代わりにcoins「硬貨」やchange「小銭」を用いることも可能である。

教えて! 先生

### 言い間違えへの対処法

次の質問に移る前であれば言い直すことができるでしょう。"Could I answer the question again?"などと言って許可を求められれば完璧ですが，"Oh, ..."とだけ言って，言い間違えたことを知らせるのでも大丈夫。きっと面接委員はわかってくれますよ。せっかくのチャンスなので，落ち着いて言い直しましょう。

Do you think fathers will play more active roles in raising children in the future?

Yes.と答えた場合　→ Why?

No.と答えた場合　→ Why not?

「あなたは父親が今後，子育てにもっと積極的な役割を果たすと思いますか」
「はい」と答えた場合→「なぜですか」
「いいえ」と答えた場合→「なぜですか」

## 解答例

### Yes. と答えた場合 → Why?

**More and more fathers are becoming interested in raising children. These days, we often see fathers playing with their children in the park.**

「子育てに興味を持つ父親がますます増えているからです。この頃，父親が公園で子どもと遊んでいるのをしばしば見かけます」

### No. と答えた場合 → Why not?

**Fathers usually work long hours. They don't have much time to spend with their families.**

「父親はふつう長時間働いているからです。彼らは家族と過ごす時間があまりありません」

## 応答のポイント

Yes. の場合には，解答例にあるようにまず「子育てに興味を持つ父親が増えている」と現状を述べ，続いてそれを裏づけるような具体例を説明するとよい。ほかにも，「この頃，働く母親が増えている。父親が子育てをすることが一般的になってきている（More mothers have jobs these days. It's becoming common for fathers to raise their children.)」なども解答として考えられる。
No. の場合には解答例にある「長時間労働」について述べた後に，「仕事で忙しい（They're busy at work.)」，「ほとんどの時間を職場で過ごす（They spend most of their time at their workplace.)」などと続けてもよい。

There are many recycling stores in Japan now. Do you like buying used things?

Yes.と答えた場合 → Please tell me more.

No.と答えた場合 → Why not?

「今，日本にはリサイクル店が多くあります。あなたは中古品を買うのが好きですか」
「はい」と答えた場合→「もっと説明してください」
「いいえ」と答えた場合→「なぜですか」

## 解答例

**Yes. と答えた場合 → Please tell me more.**

**Recycling is better for the environment. Also, used things are usually cheaper.**

「リサイクルするほうが環境によいです。また，ふつう中古品のほうが安いです」

**No. と答えた場合 → Why not?**

**I don't like old things. I don't mind if new things are a little more expensive.**

「私は古い物が好きではないからです。新品が少し高くても私は気にしません」

## 応答のポイント

recycling storesは「リサイクル店」，used thingsは「中古品」である。
Yes. の場合には，解答例にあるように，環境問題や低価格がすぐに思いつくだろうが，ほかに「自宅近くにリサイクル店がある（There is a recycling store near my house.）」と述べて「私は古い物が好きなので，そこで買い物をするのは楽しい（Shopping there is fun because I like old things.）」などと，自分の状況を説明してもよいだろう。
No. の場合には，「中古品は好きではない」という解答がすぐに思いつくだろう。ただこれだけでは情報不足である。解答例のように，中古品の利点である安さは重視しないことを言うか，「私は新しい物を買って，それを長く使うことが好きだ（I like to buy new things and use them for a long time.）」などと物に対する自分の考え方を具体的に説明して内容を膨らませたい。

## *Extra Lessons after School*

**Today, some schools have extra lessons after school for students who need them. College students and retired people help teach these lessons as volunteers. Sometimes the students work in groups and help each other, and by doing so they can understand their lessons better. This way of learning is getting more attention now.**

A

B

# Questions

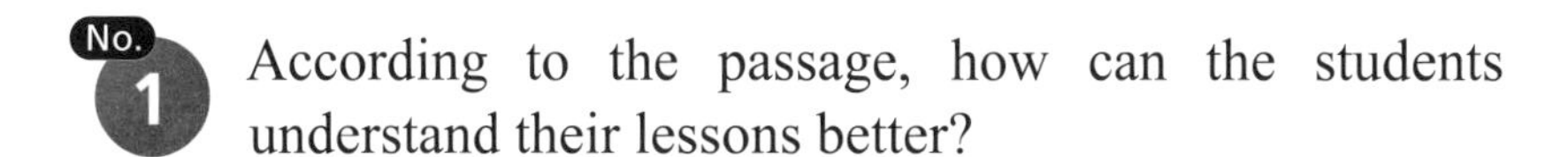

**No. 1** According to the passage, how can the students understand their lessons better?

**No. 2** Now, please look at the people in Picture A. They are doing different things. Tell me as much as you can about what they are doing.

**No. 3** Now, look at the boy and the girl in Picture B. Please describe the situation.

Now, Mr. /Ms. —— , please turn over the card and put it down.

**No. 4** Do you think studying alone is better than studying in groups?

Yes. と答えた場合 → Why?

No. と答えた場合 → Why not?

**No. 5** These days, climbing mountains is becoming popular. Do you like climbing mountains?

Yes. と答えた場合 → Please tell me more.

No. と答えた場合 → Why not?

**語句と構文**

**extra lesson** 補習授業
**after school** 放課後
**students who need them** それらを必要とする生徒
**retired** [rɪtáɪərd] 形 退職した，引退した
**help (to) *do*** 構 ～するのを助ける
**volunteer** [và(:)ləntíər] 名 ボランティア
**in groups** グループで，集団で
**each other** お互い
**better** [béṭər] 副 よりよく（well の比較級）
**attention** [əténʃən] 名 注目，注意
**climb** [klaɪm] 動 ～に登る

## ● 音読の攻略

### Extra Lessons after School

Extra [ékstrə] もLessonsも強く発音

**Today**, / **some schools** have **extra lessons** after
Todayの後に軽くポーズ　extra lessons after schoolは丁寧に

**school** / for **students** who **need** them. / **College**
students ... themは一気に　Collegeとretiredを強く

students and **retired** people **help teach** these **lessons**
help teachはまとめて

as **volunteers**. / **Sometimes** / the **students work** in
volunteersのアクセント注意　workとinをつなげて

**groups** and **help** each other, / and by **doing so** / they can
andは軽く　soの後に軽くポーズ

**understand** their **lessons better**. / **This way** of
betterは強めに　This ... learningははっきりと

**learning** is getting more **attention** now.

**ここに注意!**

▶第1文の students who need them はwho 以下が students を修飾して「それらを必要とする生徒」となり，意味的にひとまとまりなので，途中で切らずに読む。whoは軽く読む。

▶第4文は締めの文。主語の This way of learning は1語1語丁寧に発音し，is 以下では attention をしっかり読んでリズムをつくり，最後のnowは軽く添えて読む。

**訳 放課後の補習授業**

今日，必要な生徒に対し，放課後に補習授業をする学校がある。大学生と退職した人たちがボランティアとしてこれらの授業を教える手助けをしている。時には，生徒たちはグループで勉強してお互いに助け合い，そうすることで彼らは授業をよりよく理解することができる。この学習方法は今，より多くの注目を集めている。

## ● 解答例と応答のポイント

According to the passage, how can the students understand their lessons better?

「パッセージによると，生徒たちはどのようにして授業をよりよく理解することができるのですか」

### パッセージのポイント

放課後に行われる補習授業に関する文章。

［第1文］導入：補習授業というテーマの提示。

［第2文］説明①：補習授業の特徴（ボランティアによるサポート）。

［第3文］説明②：補習授業の利点（グループでの学習で理解が深まる）。

［第4文］まとめ：補習授業は今ますます注目を集めている。

### 解答例

**By working in groups and helping each other.**

「グループで勉強してお互いに助け合うことによってです」

**Sometimes the students work in groups and help each other, and by doing so they can understand their lessons better.**

「時には，生徒たちはグループで勉強してお互いに助け合い，そうすることで彼らは授業をよりよく理解することができます」

### 応答のポイント

まず，質問と同じ語句がパッセージの第3文後半のby doing so以下にあることをつかむ。その上で，このby doing so「そうすることによって」のdo soが何を指すのかを考えよう。それは，その前にあるwork in groups and help each otherを指している。質問の疑問詞がhow「どのようにして」であることからBy *doing* ～.「～することによって」と答えることになるので，By working ～.と答えればよい。ただし，2つの動詞work (in groups)とhelp (each other)のいずれも*doing*の形にしてByにつなげる。「もうひと息」の解答のように第3文をそのまま答えるとSometimesやby doing so以下の質問の内容など余分な要素を含んでしまい，適切とは言えない。

Now, please look at the people in Picture A. They are doing different things. Tell me as much as you can about what they are doing.

「さて，イラストAの人々を見てください。彼らはさまざまなことをしています。彼らが何をしているのか，できるだけたくさん説明してください」

## イラストのポイント

以下の5つの情報を読み取る。人物の服装などの細かい描写は不要。①男の子がテレビのスイッチを入れている［切っている］。②2人の男の子がトランプをしている。③男の子が黒板を消している。④男性がスクリーンを下ろしている。⑤女の子がカーテンを閉めている。

## 解答例

**A boy is turning on [off] the TV.**
「男の子がテレビのスイッチを入れて［切って］います」

**Two boys are playing cards.**
「2人の男の子がトランプをしています」

**A boy is cleaning the blackboard.**
「男の子が黒板をきれいにしています」

**A man is pulling down a screen.**
「男性がスクリーンを下ろしています」

**A girl is closing [drawing] the curtain.**
「女の子がカーテンを閉めて［引いて］います」

## 応答のポイント

「～のスイッチを入れる」はswitch on ～ でもよい（⇔switch off ～「～のスイッチを切る」）。「トランプをする」はplay cardsで，cards（必ず複数形）の代わりにtrump(s)（trumpは「切り札」の意味）は使えない。「黒板を消す」は「黒板をきれいにする」と考えて，動詞はcleanを使おう。「スクリーンを下ろす」は「引いて下ろす」と考えてpull down ～ を用いる。「カーテンを閉める」にはcloseが使えるが，draw the curtain「カーテンを引く」としてもよい。

Now, look at the boy and the girl in Picture B. Please describe the situation.

「さて，イラストBの男の子と女の子を見てください。この状況を説明してください」

## イラストのポイント

女の子が大音量で音楽をかけて聞いていて，そのために男の子が勉強できないで困っている状況を読み取る。

## 解答例

**He can't study because she's playing music very loudly.**

「彼女がとても大きな音で音楽をかけているので，彼は勉強できません」

もう
ひと息

**He can't study.**

「彼は勉強できません」

**She's playing music very loudly.**

「彼女はとても大きな音で音楽をかけています」

Day
7

## 応答のポイント

「男の子は勉強できない（結果）」と「女の子は音楽を大音量でかけている（原因）」の2点を説明する。解答例のようにbecauseを用いて答えるほかに，〈原因，so＋結果〉の形でShe's playing music very loudly, so he can't study.とすることも可能。「勉強できない」はHe can't concentrate on his studies.「彼は勉強に集中できない」やHe can't do his homework.「彼は宿題ができない」でもよい。また，「音楽を大音量でかけている」はHer music is too loud.「彼女の音楽がうるさ過ぎる」でも可。

教えて!
先生

### No.4とNo.5の質問について

「ペア・クエスチョン」と呼ばれ，最初の質問に Yes. か No. で答えると，その後にその理由などが求められます。このように質問されるのは，Yes. / No. を述べた後にはその理由や根拠を説明できることが大切だからです。理由や根拠が Yes. / No. と矛盾することがないように気を付けましょう。

Do you think studying alone is better than studying in groups?
Yes.と答えた場合　→ Why?
No.と答えた場合　→ Why not?

「あなたはグループで勉強するよりも1人で勉強するほうがよいと思いますか」
「はい」と答えた場合→「なぜですか」
「いいえ」と答えた場合→「なぜですか」

## 解答例

**Yes. と答えた場合 → Why?**

**People can concentrate more on their studies when they study alone. In groups, they may waste time just chatting.**

「1人で勉強すると勉強により集中できるからです。グループだと，おしゃべりだけで時間を無駄にしてしまうかもしれません」

**No. と答えた場合 → Why not?**

**People can learn more by teaching each other. Also, working together with friends is fun.**

「お互いに教え合うことで，より多くのことが学べるからです。また，友達と一緒に勉強するのは楽しいです」

## 応答のポイント

Yes. の場合には解答例の「勉強に集中できる」のように，1人で勉強することのよい点を説明することになるだろう。「効率よく，快適に勉強できる（People can study efficiently and comfortably.）」なども考えられる。また，解答例の2文目にあるように，グループで勉強するときの悪い点について述べる方法もある。
No. の場合には，グループで勉強するときのよい点を挙げればよい。解答例のほかに，「グループだと授業をよりよく理解できる（In groups, people can understand lessons better.）」，「一緒に課題に取り組める（People can work on assignments together.）」など，よい点を2つ答えられるとよい。

These days, climbing mountains is becoming popular. Do you like climbing mountains?

Yes.と答えた場合 → Please tell me more.

No.と答えた場合 → Why not?

「最近，登山の人気が高まっています。あなたは登山が好きですか」
「はい」と答えた場合→「もっと説明してください」
「いいえ」と答えた場合→「なぜですか」

## 解答例

Yes. と答えた場合 → Please tell me more.

**I feel great when I reach the top of a mountain. Also, I like spending time with my friends outdoors.**

「山頂に到達すると気分が最高です。また，私は屋外で友達と過ごすのが好きです」

No. と答えた場合 → Why not?

**I'm not interested in climbing mountains. I don't like cooking, eating, or sleeping outdoors.**

「私は登山に興味がないからです。私は屋外で料理したり，食事したり，寝たりするのが好きではありません」

## 応答のポイント

Yes. の場合には，登山に関する具体的な説明，No. の場合には，登山が嫌いな理由を答えればよい。

Yes. の場合は，解答例のほかに，「気分がさわやかに［よく］なる（I feel refreshed.）」，「満足感が得られる（I feel satisfied.）」，「森の中の新鮮な空気を楽しめる（I can enjoy fresh air in woods.）」などが考えられる。

No. の場合には「私はアウトドアの活動が得意ではない（I'm not good at outdoor activities.）」，「私は屋内で過ごすほうが好きだ（I like to spend time indoors better.）」などと答えてもよい。

# Day 8

## *Remodeling Houses*

**Today, many people remodel their houses instead of building new ones. This is less expensive and does not take a long time. People watch TV programs that introduce experienced designers with new ideas, and by doing so they can get a lot of information about remodeling. Remodeling houses may become more popular in the future.**

# Questions

According to the passage, how can people get a lot of information about remodeling?

Now, please look at the people in Picture A. They are doing different things. Tell me as much as you can about what they are doing.

Now, look at the man in Picture B. Please describe the situation.

Now, Mr. /Ms. ―― , please turn over the card and put it down.

Do you think that it is a good idea for people to live in the same house for a long time?

Yes. と答えた場合 → Why?

No. と答えた場合 → Why not?

Today, there are several kinds of media that give us news. Do you often watch news programs on TV?

Yes. と答えた場合 → Please tell me more.

No. と答えた場合 → Why not?

**remodel** [riːmɑ́(ː)dəl] 動 ～をリフォームする，～を作り替える

**instead of *doing*** 構 ～する代わりに

**expensive** [ɪkspénsɪv] 形 費用のかかる，高価な

**take a long time** 長い時間がかかる

**program** [próʊgræm] 名 番組

**introduce** [ìntrədjúːs] 動 ～を紹介する

**experienced** [ɪkspíəriənst] 形 熟練した

**designer** [dɪzáɪnər] 名 設計者

**media** [míːdiə] 名 マスメディア

## ● 音読の攻略

### Remodeling Houses
語尾の[zɪz]の発音注意

**Today**, / **many people remodel** their **houses** /
Todayの後に軽くポーズ　remodel their housesは「強弱強」で丁寧に

**instead** of **building new** ones. / This is **less expensive** /
instead ofはつなげて　new onesは「強弱」で

and does **not** take a **long time**. / People **watch** TV
take a long timeは切らずに

**programs** / that **introduce experienced designers**
programsのアクセントと[oʊ]の発音注意　experienced ... ideasはまとめて

with **new ideas**, / and by **doing so** / they can **get**
getは強く目立たせて

a **lot** of **information** about **remodeling**. / **Remodeling**
a lot ofはつなげて　Remodeling houses

**houses** may become more **popular** in the future.
は強めにはっきりと　futureは下げ調子で読み，全体を終える

**ここに注意!**

▶ 第1文のremodel their housesとbuilding new onesは内容的に対比されているので，どちらもはっきりと発音する。なお，theirやonesのような代名詞は，一般に弱く発音される。

▶ 第3文のTV programs that ... new ideasは〈先行詞＋関係代名詞～〉の構文。先行詞（TV programs）の後で軽く息継ぎして読むとよい。

**訳 家のリフォーム**

今日では，多くの人が新しい家を建てる代わりに自宅をリフォームする。こうするとより費用がかからず，長い時間もかからない。人々は，新しいアイデアを持つ熟練の設計者を紹介するテレビ番組を見ており，そうすることでリフォームに関する多くの情報を得ることができる。今後，家のリフォームはますます人気が高まるかもしれない。

## ● 解答例と応答のポイント

According to the passage, how can people get a lot of information about remodeling?

「パッセージによると，人々はどのようにしてリフォームに関する多くの情報を得ることができるのですか」

### パッセージのポイント

家のリフォームに関する文章。

[第1文] 導入：リフォームというテーマの提示。

[第2文] 説明①：リフォームの利点（より費用がかからず，時間もかからない）。

[第3文] 説明②：リフォームの情報源（テレビ番組）。

[第4文] まとめ：今後の展望（リフォームの人気が高まる）。

### 解答例

これで完璧！

**By watching TV programs that introduce experienced designers with new ideas.**

「新しいアイデアを持つ熟練の設計者を紹介するテレビ番組を見ることによってです」

もうひと息

**People watch TV programs that introduce experienced designers with new ideas, and by doing so they can get a lot of information about remodeling.**

「人々は，新しいアイデアを持つ熟練の設計者を紹介するテレビ番組を見ており，そうすることでリフォームに関する多くの情報を得ることができます」

### 応答のポイント

まず，質問の疑問詞howを聞き取り，質問のcan ... get a lot of information about remodelingと同じ語句が含まれる第3文後半に注目する。次に，その直前にあるby doing so「そうすることによって」のdo soが何を指すのかを読み取ろう。これは，さらに前にあるwatch TV programs ... with new ideasを指しているので，By watching～.と答えればよい。このように，疑問詞how「どのようにして」の場合には，基本的にBy *doing* ～.「～することによって」の形で答えることも押さえておこう。

Now, please look at the people in Picture A. They are doing different things. Tell me as much as you can about what they are doing.

「さて，イラストAの人々を見てください。彼らはさまざまなことをしています。彼らが何をしているのか，できるだけたくさん説明してください」

## イラストのポイント

以下の5つの情報を読み取る。人物の服装などの細かい描写は不要。①男の子が庭を掃除している。②男性が花を植えている。③女性が飲み物を出している。④男性が壁にペンキを塗っている。⑤女の子がカーテンを開けている。

## 解答例

**A boy is cleaning [sweeping] the garden.**

「男の子が庭を掃除して［掃いて］います」

**A man is planting (some) flowers.**

「男性が花を植えています」

**A woman is serving (some) drinks.**

「女性が飲み物を出しています」

**A man is painting a wall.**

「男性が壁にペンキを塗っています」

**A girl is opening the curtain.**

「女の子がカーテンを開けています」

## 応答のポイント

「庭を掃除する」は，clean「～をきれいにする」のほかにsweep「～を（ほうきで）掃く」も使える。plantには，名詞「植物」のほかに動詞「(植物）を植える」の意味もあり，「花を植える」はplant (some) flowersと言う。または，「花の手入れをする(take care of flowers)」としてもよいだろう。「(食事など）を出す」にはserveを用いればよいが，「グラスをテーブルに置いている」と考えてA woman is putting some glasses on the table.と答えてもよい。「～にペンキを塗る」はpaintだが，この語には名詞として「ペンキ」の意味があることも覚えておこう。

Now, look at the man in Picture B. Please describe the situation.

「さて，イラストBの男性を見てください。この状況を説明してください」

**イラストのポイント**

吹き出しから，男性が犬小屋を新たに作ろうと考えていることを理解する。その理由は，犬小屋が古く［汚く］なったからであると読み取る。

**解答例**

これで完璧！

**The doghouse is very old [dirty], so he's thinking of making a new one.**

「犬小屋がとても古い［汚い］ので，彼は新しいものを作ろうと考えています」

もうひと息

**The doghouse is very old [dirty].**

「犬小屋はとても古い［汚い］です」

**He's thinking of making a new doghouse.**

「彼は新しい犬小屋を作ろうと考えています」

**応答のポイント**

まず「犬小屋がどんな状態であるのか（原因）」を述べて，それを根拠に吹き出し内の「男性が考えていること（結果）」を説明する。どちらか一方のみでは情報量不足なので注意しよう。男性が考えていることについてはhe's going to make a new one「彼は新しいものを作るつもりだ」と表現することもできる。

教えて！先生

**アイコンタクトについて**

問題カードに関する質問（No.1 ～ No.3）では面接委員の目を見ないで質問に答えても問題ありません。No.3の後で問題カードを裏返すように指示されますから，その後ではアイコンタクトを意識しましょう。

Do you think that it is a good idea for people to live in the same house for a long time?

Yes.と答えた場合　→ Why?

No.と答えた場合　→ Why not?

「あなたは，同じ家に長く住むのはよい考えだと思いますか」
「はい」と答えた場合→「なぜですか」
「いいえ」と答えた場合→「なぜですか」

## 解答例

**Yes. と答えた場合 → Why?**

**Living in the same house for a long time is better for the environment. We need a lot of materials to build a new house.**

「同じ家に長く住むほうが環境にとってよいからです。新しい家を建てるにはたくさんの材料が必要です」

**No. と答えた場合 → Why not?**

**Many people like living in new houses. Some people may also need to build a new house because their home is very old.**

「多くの人は新しい家に住むのが好きだからです。家がとても古いので新しい家を建てる必要がある人もいるかもしれません」

## 応答のポイント

Yes. の場合には，解答例のように「環境によい」がすぐに思いつくだろうが，その後で「新しい家を建てると材料がたくさんいる」などと具体例を述べて内容を膨らませたい。また，別の視点から「家を変えたければリフォームができる（People can remodel their houses if they want to change them.）」などと答えてもよいだろう。No. の場合には，「新築の家に住むのは快適だ（Living in a new house is comfortable.）」，「古い家は地震に対して十分な強度がない場合がある（Sometimes old houses aren't strong enough against earthquakes.）」などと答えてもよい。No. の場合でも「新しい家は快適だ」だけで終わるのは情報量不足なので，なぜ快適なのかを述べたり，別の理由を添えたりする必要がある。

Today, there are several kinds of media that give us news. Do you often watch news programs on TV?

Yes.と答えた場合 → Please tell me more.

No.と答えた場合 → Why not?

「今日，ニュースを伝えるいくつかの種類のマスメディアがあります。あなたはテレビでニュース番組をよく見ますか」
「はい」と答えた場合→「もっと説明してください」
「いいえ」と答えた場合→「なぜですか」

## 解答例

**Yes. と答えた場合 → Please tell me more.**

**I watch the news on TV in the morning and the evening with my family. We enjoy talking about the latest news together.**

「私は家族と一緒に朝と夕方にテレビでニュースを見ます。一緒に最新のニュースについて話して楽しみます」

**No. と答えた場合 → Why not?**

**I rarely watch TV. I watch news programs online using my smartphone.**

「私はめったにテレビを見ないからです。私はスマートフォンを使ってニュース番組をインターネットで見ます」

## 応答のポイント

Yes. の場合は，解答例のように自分がいつ，どこで，誰とニュース番組を見ているのかを具体的に説明したい。また，「テレビでニュースを見ることは最新の情報を得る一番手軽な方法だ（Watching TV news is the easiest way to get the latest information.）」などとテレビのニュース番組の利点を説明してもよいだろう。
No. の場合には，「テレビは見ない」，「テレビではニュース以外の番組を見る」などと言ってから，ニュースはどのようにして知るのかを説明するとよい。解答例のほかにも「私はふだん電車でニュースを聞く（I usually listen to the news on the train.）」や「毎朝，新聞を読むだけで私には十分だ（Reading the newspaper every morning is enough for me.）」などと説明してもよい。

# Day 9

71

*Morning Activities*

Recently, more people have started to make use of the early morning hours. These people study or get some exercise before going to school or work. Such morning activities refresh people and help them stay healthy, so they are becoming popular. There are even special clubs or communities for morning activities now.

A

B

# Questions

**No. 1** According to the passage, why are morning activities becoming popular?

**No. 2** Now, please look at the people in Picture A. They are doing different things. Tell me as much as you can about what they are doing.

**No. 3** Now, look at the girl in Picture B. Please describe the situation.

Now, Mr. /Ms. ——, please turn over the card and put it down.

**No. 4** Do you think it is a good idea to wake up early and get some exercise before breakfast?
Yes.と答えた場合 → Why?
No.と答えた場合 → Why not?

**No. 5** These days, many people enjoy playing video games. Do you like playing video games?
Yes.と答えた場合 → Please tell me more.
No.と答えた場合 → Why not?

**語句と構文**

**activity** [æktívəṭi] 名 活動
**recently** [rí:səntli] 副 最近 (= lately)
**make use of ～** ～を活用する，～を利用する
**get (some) exercise** 運動をする
**before *doing*** 構 ～する前に
**refresh** [rɪfréʃ] 動 (人) の気分をさわやかにする
**help *A* (to) *do*** 構 *A*が～するのに役立つ
**stay healthy** 健康を保つ
**popular** [pá(:)pjulər] 形 人気のある
**special** [spéʃəl] 形 特別な
**community** [kəmjú:nəṭi] 名 コミュニティ，集団

## ● 音読の攻略

### Morning Activities

[æktívəṭi]のアクセント注意

**Recently**, / **more people** have **started** to **make use**
Recentlyの後に軽くポーズ [ju:s]の発音注意

of the **early morning hours**. / **These** people **study** or
[ði]の発音注意 hourの[aʊ]発音注意 studyとexerciseをやや強めに

get some **exercise** / before **going** to **school** or **work**. /
school or workは「強弱強」のリズムで

**Such** morning activities **refresh** people / and **help** them
refreshとhelpを丁寧に発音

stay **healthy**, / **so** they are becoming **popular**. /
stay healthyはひとかたまり

There are **even special clubs** or **communities**
evenは強めに，その後は最後まで一気に

for morning activities now.
nowは下降調で読み，全体を終える

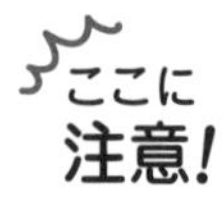


▶第1文のmake use of the early morning hours「早朝の時間を活用する」はこのパッセージのテーマ。丁寧にはっきりと発音しよう。

▶第2文のstudy or (get some) exercise, school or work, 第3文のrefresh ... and helpのように，等位接続詞で結ばれた2つの要素は両方をやや強めに読むとリズムができる。

訳 **朝活動**

最近，より多くの人が早朝の時間を活用し始めている。このような人たちは学校や仕事に行く前に勉強をしたり，運動をしたりする。そのような朝活動は人々の気分をさわやかにし，健康でいることに役立つので，人気が高まっている。今では，朝活動のための特別なクラブやコミュニティまである。

## 解答例と応答のポイント

According to the passage, why are morning activities becoming popular?

「パッセージによると，朝活動はなぜ人気が高まっているのですか」

### パッセージのポイント

朝の時間を活用する「朝活動」に関する文章。

［第1文］導入：朝活動というテーマの提示。

［第2文］説明①：朝活動の具体的な内容（勉強や運動）。

［第3文］説明②：朝活動が人気の理由（気分転換と健康維持）。

［第4文］説明③：朝活動が人気となった結果（クラブやコミュニティ）。

### 解答例

これで完璧！

**Because they refresh people and help them stay healthy.**

「人々の気分をさわやかにし，健康でいることに役立つからです」

もうひと息

**Such morning activities refresh people and help them stay healthy, so they are becoming popular.**

「そのような朝活動は人々の気分をさわやかにし，健康でいることに役立つので，人気が高まっています」

### 応答のポイント

まず，質問の疑問詞whyを聞き取り，パッセージからそれ以降の質問と重複する部分を探す。質問にあるbecoming popularが第3文後半のso以下に出ていることに着目しよう。次に，この文全体は，*A*, so *B*「*A*，そのため*B*」の形であることから，朝活動の人気が高まっている「理由」は第3文前半のSuch morning activities ... stay healthyで説明されていると考え，その部分を答えればよい。ただし，冒頭の(Such) morning activitiesは質問ですでにmorning activitiesとして使われているので，代名詞theyに置き換えること。「もうひと息」の解答は第3文をそのまま抜き出しているが，これでは質問に的確に答えているとは言えない。

Now, please look at the people in Picture A. They are doing different things. Tell me as much as you can about what they are doing.

「さて，イラストAの人々を見てください。彼らはさまざまなことをしています。彼らが何をしているのか，できるだけたくさん説明してください」

## イラストのポイント

以下の5つの情報を読み取る。人物の服装などの細かい描写は不要。①男性がフェンスの修理をしている。②女性がジョギングしている。③女の子が犬の散歩をしている。④男性がゴミを集めている。⑤2人の男の子がボールを蹴っている［サッカーをしている］。

## 解答例

**A man is fixing [repairing] a fence.**
「男性がフェンスの修理をしています」

**A woman is jogging [running].**
「女性がジョギングして［走って］います」

**A girl is walking a dog.**
「女の子が犬を散歩させています」

**A man is collecting trash [garbage].**
「男性がゴミを集めています」

**Two boys are kicking a ball [playing soccer].**
「2人の男の子がボールを蹴っています［サッカーをしています］」

## 応答のポイント

「～の修理をする」はfixまたはrepairを用いる。「ジョギングをする」は動詞jogを用いる。walkは自動詞「歩く」の意味で用いられることが多いが，他動詞としてwalk a dogの形で「犬を散歩させる」という意味でも使う。「ゴミ」は，trash（主に紙ごみ，空容器）またはgarbage（主に生ごみ）だが，この語が思いつかなかったら，something「何か」と答えてもよい。「ゴミを拾う」と考えてpick up ～を用いてもよい。2人の人物が一緒に何かをしているときはTwo boys, Two girls, Two men, Two women [wímɪn] などを主語にする。その際，be動詞をareにすることも忘れずに。

Now, look at the girl in Picture B. Please describe the situation.

「さて，イラストBの女の子を見てください。この状況を説明してください」

## イラストのポイント

女の子の驚いたような表情から，彼女がベンチの上に落とし物らしきカメラを見つけたことを理解する。また，吹き出しから彼女がそれを警察に届けようと考えていることを読み取る。

## 解答例

これで完璧！

**She (has) found a camera on a bench and is going to take it to the police [a police officer].**

「彼女はベンチの上にカメラを見つけて，それを警察［警察官］に届けるつもりです」

もうひと息

**She (has) found a camera on a bench.**

「彼女はベンチの上にカメラを見つけました」

**She is going to take a camera to the police [a police officer].** 「彼女はカメラを警察［警察官］に届けるつもりです」

## 応答のポイント

女の子が「ベンチの上にカメラを見つけた」ことと，吹き出しの中に描かれている「そのカメラを警察に届けるつもりである」ことの2点を説明する。これらを「見つけた」→「届けるつもりだ」と並べて，andで結べばよい。「警察に届ける」は，「警察に持って行く」と考えて，take [bring] *A* to *B*「*A*を*B*へ持って行く」を用いて表現する。「(集合的に）警察」ならthe police,「警察官」ならa police officerである。

教えて！先生

### 緊張を和らげる方法

緊張をほぐす方法はいろいろあります。例えば，簡単にできる方法として，面接室に入る前に力を入れて肩を思い切り上げ，次に脱力してみましょう。また，面接委員は受験者が緊張し過ぎないように注意しながら試験を進めてくれるので，怖がらずに笑顔で臨みましょう。

Do you think it is a good idea to wake up early and get some exercise before breakfast?
Yes.と答えた場合　→ Why?
No.と答えた場合　→ Why not?

「あなたは早起きして朝食前に運動するのはよい考えだと思いますか」
「はい」と答えた場合→「なぜですか」
「いいえ」と答えた場合→「なぜですか」

## 解答例

**Yes. と答えた場合 → Why?**

**Doing some exercise early in the morning is good for our health. It's a good way to start the day.**
「早朝に運動することは健康によいからです。それは1日を始めるよい方法です」

**No. と答えた場合 → Why not?**

**Some people may not be good at getting up early. These people can work or study more efficiently late at night.**
「早起きが苦手かもしれない人もいるからです。このような人は夜遅くのほうがより効率よく仕事や勉強ができます」

## 応答のポイント

解答例のように，Yes. / No.の理由や根拠，詳しい説明を答えるようにする。
Yes. の場合は，解答例のように「早朝に運動することは健康によい」と述べた後，「運動した後では朝食をもっと楽しむことができる（We can enjoy breakfast more after exercising.)」などと説明してもよい。
No. の場合には，まず「最近，疲れている人が多い（Many people are tired these days.)」などと現状を述べ，「もっと睡眠時間をとる必要がある（They need more time to sleep.)」と続けることで内容を膨らませることもできる。

These days, many people enjoy playing video games. Do you like playing video games?

Yes.と答えた場合 → Please tell me more.

No.と答えた場合 → Why not?

「今日，テレビゲームをして楽しむ人が多くいます。あなたはテレビゲームをするのが好きですか」
「はい」と答えた場合→「もっと説明してください」
「いいえ」と答えた場合→「なぜですか」

## 解答例

**Yes. と答えた場合 → Please tell me more.**

**I first played video games when I was in the second grade. Now, playing video games with my friends is my hobby.**

「私は2年生のとき初めてテレビゲームをしました。今では，友達とテレビゲームをするのが私の趣味です」

**No. と答えた場合 → Why not?**

**Playing video games can be bad for our health. For example, looking at a screen for a long time can damage our eyes.**

「テレビゲームをすることは健康に悪いこともあるからです。例えば，長時間スクリーンを見ることで目をだめにしてしまうかもしれません」

## 応答のポイント

Yes. の場合には，より具体的に，自分がいつ，どんな種類のゲーム（racing games, role-playing games など）をするのか説明するとよい。さらにその後で，「私はテレビゲームをするとリラックスできる（I can relax when I play video games.）」などと述べてもよいだろう。
No. の場合には，「私はテレビゲームをすることに興味がない（I'm not interested in playing video games.）」，「私はゲーム機を持っていない（I don't have a video game machine.）」などと述べた後，解答例のように健康への悪影響や，「ゲームをやめられない人もいる（Some people can't stop playing video games.）」と常習性を述べるなどして，ゲームをすることの問題点を指摘するとよい。

# Day 10

### *Comfortable Camping*

**Camping is a popular outdoor activity. However, putting up a tent is difficult for some people. These days, some campsites provide a big tent with beds, and by doing so they help people enjoy camping more comfortably. This kind of camping will attract more people in the future.**

# Questions

According to the passage, how do some campsites help people enjoy camping more comfortably?

Now, please look at the people in Picture A. They are doing different things. Tell me as much as you can about what they are doing.

Now, look at the girl in Picture B. Please describe the situation.

Now, Mr. /Ms. ── , please turn over the card and put it down.

Do you think people should spend more time in nature?
Yes.と答えた場合 → Why?
No.と答えた場合 → Why not?

These days, many people enjoy cooking at home. Do you cook at home?
Yes.と答えた場合 → Please tell me more.
No.と答えた場合 → Why not?

Day 10

**語句と構文**

**comfortable** [kʌ́mfərṭəbl] 形 快適な（副 comfortably）
**camp** [kæmp] 動 キャンプする
**popular** [pɑ́(ː)pjulər] 形 人気のある
**outdoor** [àutdɔ́ːr] 形 野外の
**put up a tent** テントを張る
**campsite** [kǽmpsàɪt] 名 キャンプ場
**provide** [prəváɪd] 動 ～を提供する
**help *A* (to) *do*** 構 *A*が～する手助けをする
**attract** [ətrǽkt] 動 （興味など）を引く，～の心をとらえる
**spend time** 時を過ごす
**nature** [néɪtʃər] 名 自然

## ● 音読の攻略

### Comfortable Camping

[kʌ́mfərṭəbl]の発音・アクセント注意

**Camping** is a **popular outdoor activity**. /

popular, outdoor, activityは3語ともアクセントに注意してはっきりと

However, / **putting up** a **tent** is **difficult** for some

Howeverの後に軽くポーズ　putting ... tentは一息で

people. / **These days**, / **some campsites provide**

daysの後に軽くポーズ　[prəváɪd]のアクセント注意

a **big tent** with **beds**, / and by **doing so** / they **help**

a big tent with bedsは切らずに　soの後に軽くポーズ

people **enjoy camping** more **comfortably**. /

[kʌ́mfərṭəbli]のアクセント注意

**This** kind of camping will **attract more people**

Thisは少し強めに　attractは「アトラクト」とならないように

in the future.

futureは下降調で読み，文章を終える

**ここに注意！**

▶ a big tent with beds「ベッドの付いた大きなテント」は意味的にひとまとまりであることを意識して読もう。

▶ This kind of campingは，This を少し強めに読みたい。

▶ attractの最初の [ə] [t] [r] の3つの音の連続に注意。[ə] は弱く発音し，[t] の後に母音を入れて「ト」とならないように気を付けよう。

**訳　快適なキャンプ**

キャンプは人気のある野外活動である。しかし，テントを張るのが大変な人もいる。最近，いくつかのキャンプ場は，ベッドの付いた大きなテントを提供していて，そうすることで人々がもっと快適にキャンプを楽しむ手助けをしている。このような種類のキャンプは今後もっと多くの人を引き付けることだろう。

## ● 解答例と応答のポイント

According to the passage, how do some campsites help people enjoy camping more comfortably?

「パッセージによると，いくつかのキャンプ場はどのようにして人々がもっと快適にキャンプを楽しむ手助けをしていますか」

### パッセージのポイント

キャンプに関する文章。

[第1文] 導入：キャンプというテーマの提示。

[第2文] 説明①：キャンプの問題点（テントを張るのが大変）。

[第3文] 説明②：その解決方法（ベッド付き大型テントの提供）。

[第4文] まとめ：今後の展望（このような種類のキャンプはもっと人を引き付ける）。

### 解答例

これで完璧!

**By providing a big tent with beds.**

「ベッドの付いた大きなテントを提供することによってです」

もうひと息

**These days, some campsites provide a big tent with beds, and by doing so they help people enjoy camping more comfortably.**

「最近，いくつかのキャンプ場は，ベッドの付いた大きなテントを提供していて，そうすることで人々がもっと快適にキャンプを楽しむ手助けをしています」

### 応答のポイント

質問の疑問詞がhowであることを押さえた上で，質問のhelp people enjoy camping more comfortablyがパッセージの第3文の後半部分にあることを確認する。そして，その前にあるby doing so「そうすることによって」のdo soがさらにその前にあるprovide a big tent with bedsを指していることを見抜いて，By providing ～.と答えればよい。「もうひと息」の解答のようにパッセージの文をそのまま抜き出してしまっては，These daysや後半の質問と重なる部分など，余分な部分を含んでしまい，適切な解答にはならない。

Now, please look at the people in Picture A. They are doing different things. Tell me as much as you can about what they are doing.

「さて，イラストAの人々を見てください。彼らはさまざまなことをしています。彼らが何をしているのか，できるだけたくさん説明してください」

## イラストのポイント

以下の5つの情報を読み取る。人物の服装などの細かい描写は不要。①男の子が川で泳いでいる。②男性が箱からニンジンを取り出している。③女性が食卓の用意をしている。④男性が（スープを）料理している。⑤2人の女の子がお互いに手を振っている。

## 解答例

**A boy is swimming in the river.**
「男の子が川で泳いでいます」

**A man is taking a carrot out of a box.**
「男性が箱からニンジンを取り出しています」

**A woman is setting the table.**
「女性が食卓の用意をしています」

**A man is cooking (soup).**
「男性が（スープを）料理しています」

**Two girls are waving to each other.**
「2人の女の子がお互いに手を振っています」

## 応答のポイント

「川で泳ぐ」はswim in the riverであるが，inとtheを落とさないように気を付けよう。「*A*を*B*から取り出す」はtake *A* out of *B*であり，反対に「*A*を*B*に入れる」はput *A* in [into] *B*である。「食卓の用意をする」はset the tableだが，「皿をテーブルに置く（put dishes on the table)」などを用いてもよい。waveは「～を振る」だが，wave to ～ で「～に手を振る，～に手を振って合図［あいさつ］する」という意味がある。2人の動作を説明するときには，Two girls [Two boys / Two men / Two women] are *doing* ～. などと説明する。

Now, look at the girl in Picture B. Please describe the situation.

「さて，イラストBの女の子を見てください。この状況を説明してください」

## イラストのポイント

女の子は水道のところにいて，手を洗い終わった状態であることをつかもう。ちょっと困った様子と吹き出しの内容から，ぬれた手を拭くものがないことがわかる。

## 解答例

**She washed her hands, but she doesn't have a towel (to wipe them).**

「彼女は手を洗いましたが，（拭く）タオルがありません」

**She washed her hands.**

「彼女は手を洗いました」

**She doesn't have a towel (to wipe her hands).**

「彼女は（手を拭く）タオルがありません」

## 応答のポイント

「手を洗った」ことと「(手を拭くための) タオルがない」ことの2点を必ず説明するようにしよう。「もうひと息」の解答のように，どちらか一方だけでは完全に説明したとは言えない。また，両者を but で結び，この2つの内容が逆接の関係であることも示したい。towel [táuəl] の発音・アクセントにも注意しよう。別解として，全体の状況を「手を拭きたいと思っているが，タオルがない」と考えて，Though she wants to wipe her hands, she doesn't have a towel. などと答えてもよい。



教えて!先生

### 英検S-CBTのスピーキングテストで気を付けること

英検S-CBTのスピーキングテストでは，コンピューターに提示される問題に対して，ヘッドセットのマイクに向かって話します。まずは，大きくはっきりした声で話すようにしましょう。また，受験中に周りの受験生の声が聞こえてくることもあるかもしれませんが，気にすることなく自分の解答に集中することが大切です。

Do you think people should spend more time in nature?
Yes.と答えた場合 → Why?
No.と答えた場合 → Why not?

「あなたは，人々がもっと自然の中で過ごすべきだと思いますか」
「はい」と答えた場合→「なぜですか」
「いいえ」と答えた場合→「なぜですか」

## 解答例

**Yes. と答えた場合 → Why?**

**Walking in nature is good for our health. Also, people can learn a lot of things from nature.**

「自然の中を散歩するのは健康によいからです。また，自然から多くのことを学ぶことができます」

**No. と答えた場合 → Why not?**

**Being out in nature can sometimes be dangerous. People may run into animals like bears and snakes.**

「自然の中で過ごすのは危険なこともあるからです。クマやヘビのような動物に出会ってしまうかもしれません」

## 応答のポイント

Yes. の場合には，解答例にあるように「健康によい」がすぐに思いつくことだろう。また，その前提として「ほとんどの人が屋内で過ごす時間が多過ぎる（Most people spend too much time indoors.)」と述べてもよい。「自然の中では新鮮な空気を吸うことができる（People can breathe fresh air in nature.)」や「自然の中ではリラックスした気分になれる（People can feel relaxed in nature.)」など，具体的に健康によいことの内容を説明してもよいだろう。
No. の場合には，自然の中で過ごすことの危険性のほかに，「ほとんどの人が毎日仕事や勉強で忙しい（Most people are busy with their work or studies every day.)」と述べた後で，「自然を楽しむ時間を増やすことは無理だ（It's impossible for them to have more time to enjoy nature.)」などとその内容を膨らませることもできる。

These days, many people enjoy cooking at home. Do you cook at home?

Yes.と答えた場合 → Please tell me more.

No.と答えた場合 → Why not?

「最近，多くの人が家で料理を楽しんでいます。あなたは家で料理をしますか」
「はい」と答えた場合→「もっと説明してください」
「いいえ」と答えた場合→「なぜですか」

## 解答例

**Yes. と答えた場合 → Please tell me more.**

**I often help my mother with the cooking. Also, I sometimes make my lunch by myself.**

「私はよく母の料理の手伝いをします。また，私は時々，自分で昼食を作ります」

**No. と答えた場合 → Why not?**

**I don't have time to cook at home. I prefer to eat out at a restaurant with my family.**

「私には家で料理する時間がないからです。私は家族とレストランで外食するほうが好きです」

## 応答のポイント

Yes. の場合には，具体的に自宅でどのように料理を楽しんでいるのかを説明しよう。解答例にある昼食作りのほかには，「私はクッキーやケーキを焼くことが好きだ（I like to bake cookies and cakes.)」や「私は新しいレシピに挑戦するのが好きだ（I like trying out new recipes.)」，「私は日曜日に家族に夕食を作る（I cook my family dinner on Sundays.)」などと答えることもできる。

No. の場合には，「私は料理が苦手である (I'm poor at cooking. / I can't cook well.)」などと言ってから，「代わりに皿洗いをする（I do [wash] the dishes instead.)」とそれに代わってしていることを述べてもよいだろう。あるいは，「苦手」と述べた後で，話題を大きく変えて，自分の得意なことについて話したり，ふだん家でしていることを話したりしてもよいだろう。

## 準2級面接 重要表現とテーマ別例文

ここでは，「重要表現」としてNo.2で使える人物の動作を描写する表現を，「テーマ別例文」としてNo.4とNo.5で役立つ例文をまとめました。音声を聞いて何度も口に出して読み，覚えてしまいましょう！

### ◐重要表現

- **carry 「～を運ぶ」**
  carry a suitcase 「スーツケースを運ぶ」

- **check 「～を確認する，～をチェックする」**
  check the (bus) schedule [timetable] 「(バスの) 時刻表を確認する」

- **feed 「～にえさをあげる」**
  feed (some) birds 「鳥にえさをあげる」

- **fix 「～を修理する」**
  fix a fence 「フェンスを修理する」

- **put + O + 場所 「Oを（場所）に置く」**
  put a poster on the wall 「壁にポスターを貼る」

- **put on ～ 「～を着る，～を身に着ける」/ take off ～ 「～を脱ぐ」**
  put on [take off] *one's* jacket 「ジャケットを着る［脱ぐ］」

- **get on ～ 「～に乗る」/ get off ～ 「～から降りる」**
  get on [off] a bus 「バスに乗る［から降りる］」

〈動詞＋目的語〉のセットで覚えよう！

collect [pick up] garbage ………… ゴミを集める［拾う］
make an announcement ………… アナウンスをする
mop the floor ………… 床にモップをかける
plant some flowers ………… 花を植える
play cards ………… トランプをする
set the table ………… 食卓の用意をする

| | |
|---|---|
| shake hands | 握手をする |
| throw away trash | ゴミを捨てる |
| talk on the phone | 電話で話す |
| walk a dog | 犬の散歩をする |
| water some flowers | 花に水をやる |

## ◐テーマ別例文

### インターネット・Eメール

People can send e-mail(s) to many friends at the same time.
「人々は同時に多くの友達にEメールを送ることができます」

I usually check the news on the Internet.
「私はふだんインターネットでニュースを確認します」

I often look for information for my homework on the Internet.
「私はよくインターネットで宿題の資料を探します」

### 買い物

Most convenience stores are open 24 hours a day.
「ほとんどのコンビニエンスストアは24時間営業です」

Shopping late at night is convenient for busy people.
「夜遅くの買い物は忙しい人々にとって便利です」

Things are much cheaper at hundred-yen stores.
「100円ショップの商品のほうがずっと安いです」

### 旅行

I like to visit foreign countries for sightseeing.
「私は観光で外国を訪れるのが好きです」

Visiting foreign countries is becoming more popular.
「外国を訪れることは人気が高まってきています」

### 学習

I'm interested in learning about different cultures.
「私は異文化について学ぶことに興味があります」

It takes a long time to learn a foreign language.
「外国語を習得するには長い時間がかかります」

I'm very busy with my studies and club activities.
「私は勉強とクラブ活動でとても忙しいです」

### ペット

93

I think pets help people to relax.
「ペットは人がリラックスするのを助けると思います」

I don't have enough time to take care of a pet.
「私にはペットの世話をする時間が十分にありません」

### 健康

I do some exercise on weekends.
「私は週末にいくらか運動します」

Playing sports is good for our health.
「スポーツをすることは健康によいです」

I don't have time to do anything special for my health.
「私には健康のために特別なことをする時間はありません」

### 食べ物・飲み物

Many kinds of drinks are sold in plastic bottles.
「多くの種類の飲料がペットボトルで売られています」

People want to save time by eating fast food.
「人々はファストフードを食べて時間を節約したいです」

### 娯楽・レジャー

I sometimes go hiking with my friends on weekends.
「私は時々，週末に友達とハイキングに行きます」

I think people can relax outdoors.
「私は，人は屋外でリラックスできると思います」

I usually read books or listen to music in my free time.
「私はふだん暇なとき，本を読んだり音楽を聴いたりします」